销售说服力
SALES PERSUASION

乔中阳 / 著

未经许可，不得以任何方式复制或抄袭本书之部分或全部内容。
版权所有，侵权必究。

图书在版编目（CIP）数据

销售说服力 / 乔中阳著. —北京：电子工业出版社，2023.7
ISBN 978-7-121-45756-2

Ⅰ. ①销… Ⅱ. ①乔… Ⅲ. ①销售－语言艺术－通俗读物 Ⅳ. ①F713.3-49

中国国家版本馆 CIP 数据核字（2023）第 108143 号

责任编辑：石　悦
印　　刷：天津千鹤文化传播有限公司
装　　订：天津千鹤文化传播有限公司
出版发行：电子工业出版社
　　　　　北京市海淀区万寿路 173 信箱　　　邮编：100036
开　　本：880×1230　1/32　印张：8.875　字数：213 千字
版　　次：2023 年 7 月第 1 版
印　　次：2023 年 7 月第 1 次印刷
定　　价：79.00 元

凡所购买电子工业出版社图书有缺损问题，请向购买书店调换。若书店售缺，请与本社发行部联系，联系及邮购电话：（010）88254888，88258888。
质量投诉请发邮件至　zlts@phei.com.cn，盗版侵权举报请发邮件至 dbqq@phei.com.cn。
本书咨询联系方式：faq@phei.com.cn。

前 言

在构思本书的前三年，我一直在试图弄清楚一件事，就是很多销售人员明明辛苦工作了很多年，却依然没能取得很大的成就，为什么？是天赋不高、运气不好，还是压根就没有弄清楚销售的原理？

我更倾向于后面的原因。在近五年的培训生涯中，我总结出一个规律，即大部分销售人员的问题不是不会讲话、反应慢，也不是性格内向、情商低，而是没有打破传统固化的销售思维。何谓传统固化的销售思维？

答案是产品思维。

顾名思义，"产品思维"就是一切沟通都以产品为核心，也就是除了产品不会再和客户聊其他的内容。我可以确切地告诉你，判断一个销售人员是否厉害的标准，就是看这个销售人员在客户的面前是经营产品更多，还是经营自己更多。如果一个销售人员在与客户沟通的过程中，聊产品的时间占比超过 50%，那么他将一直走在漫长的弯路上。

看到这里，很多读者可能都会产生一个疑问，不聊产品聊什么？我的答案是，尽可能多地在客户的面前经营自己，至于为什么经营自己，我有三句话送给各位读者：

（1）销售人员是客户和产品之间的连接者。

（2）人是所有买卖关系的起点。

（3）销售人员和客户之间是信息不对称的。

前两句话很容易理解，第三句话的意思是，一个销售人员在某一个行业里深耕多年，不管面对的客户是谁，他都比这个客户对这个行业和产品懂得更多，这叫信息不对称。实际上，很多客户在签约的那一刻，都做不到对产品完全了解，那么为什么最后仍然可以达成合作？原因只有一个，很多客户对产品的判断，并不是来自产品本身，而是来自对销售人员的认可程度。客户会通过判断这个销售人员说的话是真的还是假的来判断产品好坏。这就不难理解为什么有的销售人员明明说了很多话，客户却不为所动，并不是因为他说得不够精彩，而是因为客户没有认可他。

所以，被客户认可就是本书的内容主线，简单来说就是怎么把销售人员这个人"卖出去"。不论你是什么行业的销售人员，当能够拥有被客户认可的本事时，销售对你来说就不再是难题。你要相信，人是所有买卖关系的起点。

当然，本书并不是纯粹地介绍销售技巧，而是要教你转变底层的思维方式。我一直认为，学会销售技巧也许会说漂亮话，但却不能从根本上解决问题，因为怎么说永远取决于怎么想，这就是很多销售人员一直没有"开窍"的原因，但你不要担心，因为"开窍"并不复杂，无非就是"你见到了你从没想过的，你想到了你从没见过的"。这就像在十多年前你可能不会想到手机是可以没有键盘的。

本书的写作耗费了我整整两年的时间，内容或许还有诸多不足，但本书的确是我极具诚意、毫无保留的经验之作，希望可以帮助所有同行，让他们以本书作为职业生涯的新起点。

目 录

第 1 章　独特的销售开局

销售人员的角色定位　2
　　做销售的意义　5
　　好的销售人员永远有两个产品　6
　　在开局做出正确的姿态　7

让个人 IP 走在产品 IP 前面　9
　　你的经济条件好　9
　　你不缺客户　13
　　你很权威　17

打破固化思维方式的有效开场　19
　　做出高姿态的开场白话术　19
　　销售的第一步：忘掉成交　23

第 2 章　成为了解人性的高端玩家

欲擒故纵的销售思维　26
　　释放压力，解除客户的成交感　30
　　营造气氛，无形成交　33
　　掌控心理，放慢节奏　38
　　及时稳单，了解客户的心理变化　38

打破客户的心理平衡 　　　　　　　　　　　　　　　　40
　　鸟笼逻辑 　　　　　　　　　　　　　　　　　　　41
　　证明客户的想法是错的，销售人员的说法是对的 　　43
　　给客户制造一些不平衡 　　　　　　　　　　　　　44

影响客户决定的因素 　　　　　　　　　　　　　　　45
　　保健因素 vs 激励因素 　　　　　　　　　　　　　45
　　超出客户预期的五个价值 　　　　　　　　　　　　46
　　增高客户的退出壁垒 　　　　　　　　　　　　　　50
　　给客户更多的可能性 　　　　　　　　　　　　　　50

第3章　成交捷径：建立信任

让客户感受到你的善意 　　　　　　　　　　　　　　54
　　你的客户不只是一个人 　　　　　　　　　　　　　56
　　要想达到成交目标就要敢于拍桌子 　　　　　　　　58
　　熟知行业内所有客户的心路历程并替客户表达 　　　61

用细节建立信任 　　　　　　　　　　　　　　　　　62
　　打破传统的销售模式 　　　　　　　　　　　　　　63
　　一切细节都可以被设计 　　　　　　　　　　　　　63
　　用故事引导客户说出潜在的需求 　　　　　　　　　68

突破信任四关 　　　　　　　　　　　　　　　　　　72
　　突破开局：客户不想听 　　　　　　　　　　　　　73
　　突破跟踪关：客户听不懂 　　　　　　　　　　　　85
　　突破心理关：客户不认同 　　　　　　　　　　　　89
　　突破终局：客户有"拖延症" 　　　　　　　　　　93

构建感性信任   **96**

    搭建一个安全的沟通环境   97
    找到"相同的××"   109
    给你和客户的关系定好调性   110
    给客户讲一个兑现承诺的故事   114
    经营自己的品德信任   117
    建立领导力   121
    反馈与回应   123

第 4 章   掌控全局的说服力

成交中存在的最大问题   **130**

情绪说服的底层逻辑   **131**

    人们通常都不喜欢被改变   132
    人们通常都不喜欢不知情   135
    人们通常都希望有退路   137

你眼里的问题，是别人眼里的解决方案   **138**

    问题可以是谁的   139
    成为拆解情绪的高手   143

第 5 章   销售"洗脑术"

你与客户的关系   **148**

    自古买卖两条心   149
    始终保持平稳关系   150

洗脑前的准备工作 **150**

  展现放弃自己的利益 151
  给客户造成捕获冲击 152

洗脑技巧 **154**

  在封闭的空间中交流 154
  制造稀缺 155
  行为承诺 157
  假逻辑 158

第 6 章　销售的最高境界：销售情绪价值

贯穿一生的情感模型：情绪价值 **162**

情绪价值的运用 **167**

马斯洛需求层次理论（套用到销售中） **168**

  安全需求 170
  归属与爱的需求 175
  尊重需求 180
  审美需求 185
  自我实现需求 189

第 7 章　高阶销售的无形渗透　195

产品介绍环节滞后 **196**

渗透的四个维度 **198**

  渗透的第一个维度：行业环境+你的视角下的行业状况+

让客户认为他有问题	198
渗透的第二个维度：客户的处境+挖掘客户的合作经历（同行业/其他行业）+自我澄清	200
渗透的第三个维度：和客户的关系+你的姿态+有效的人设输出	201
渗透的第四个维度：为什么要选择你+你的差异化是什么+一件事情	203

第 8 章　完美成交的沟通技巧

刚加客户时不被拒绝的沟通方式　　210

铺垫环节的沟通技巧　　212

分清是意见还是事实	212
您说的有道理，但我保留意见	214
您的想法有道理，我从专业的角度再补充一下	215
我说的不一定都对，您可以随时打断我	215

第 9 章　给客户创造绝对安全的环境

找到客户想要的合作节奏　　219

使用战术同理心，公司是公司，你是你　　223

培养客户的付款心态+扫清付款障碍　　225

第 10 章　销售中的优势谈判

谈判和说服的区别　　230

解析谈判的五个误区   **231**

    面对难缠的对手   231
    较好的办法   233
    微小的   234
    让步   235
    换取客户的善意   236

谈判的筹码   **236**

    正向刺激性筹码   236
    负向惩罚性筹码   237
    正向刺激性筹码与负向惩罚性筹码的实际应用   237

第 11 章   扫清一切成交障碍

客户说再考虑一下   **248**

    解决方案一：弄清楚原因   248
    解决方案二：强调客户的痛点   251
    解决方案三：激将法   254

客户说产品太贵了   **255**

    解决方案一：拆解产品   255
    解决方案二：制造"恐慌"   256
    解决方案三：对比和算账   257
    解决方案四：转嫁责任   259

客户说他再看看   **261**

    连续发问诱出原因   262
    先了解客户的需求再推荐   264
    突出产品差异化   265

客户说你们的产品质量没问题吧 **266**
  解决方案一：了解客户在担心什么 266
  解决方案二：站在客户的立场上考虑问题 267

客户说别人的产品比你们的产品便宜 **268**
  解决方案一：阐述自己产品的差异点 268
  解决方案二：与别人的产品相比有什么优势 269

找不到决策人 **270**
  解决方案一：直接询问 270
  解决方案二：暗中观察，旁敲侧击 270

客户对比同类产品 **271**

第1章

独特的销售开局

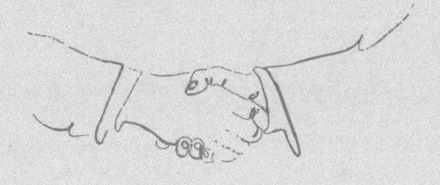

CHAPTER 01

销售说服力

销售人员的角色定位

作为专业的销售人员，我们要知道角色定位和人设定位是有区别的。我们在做人设定位时，其实是想让客户了解我们身上的某些特点，而在做角色定位时，是想告诉自己如何定位这个角色，怎样理解自己的工作。

我认为，这个世界上有两件事情做起来是最难的，一件事情是如何合理、合法、合规地让别人给我们付费，另一件事情是让别人接受我们的想法。这两件事情都是销售人员在销售路上必做之事。

销售是无时不在的，比如，让别人同意我的观点是销售，在和客户谈判时让客户按照我的意愿顺利签约达成合作也是销售，在相亲时让对方对我产生好感还是销售。你会发现，销售既可以用在事业上，也可以用在公司层面，销售这个职位是非常锻炼人的。你看到这里可能会觉得我在给你"洗脑"。其实，不是我想给你"洗脑"，而是我希望你能给自己"洗脑"。如果你都不相信自己的这个工作有价值，就很难让别人相信你。如果你都认为自己的这个角色不重要，那么别人当然也会认为你不重要。你要想让别人相信你，首先要认可自己的这个角色。

你有没有发现，在与客户交流时，有些客户自己都没有想好到底需不需要这个产品、要不要买这个产品？很多客户都是需要你来帮助他们做决定的，是受你影响的。你在哪些方面可以影响他们？除了给他们介绍产品功能、产品质量、服务，你还要对自己做的这件事情绝对有信心，所以前提是你要完全相信你自己。如果你都不相信你自己，那么别人怎么相信你？你要在内心深处告诉自己，你的这个工作很好，你很有能力。

对于一家公司来说，利润高低决定了公司的生死，而作为销售人员的你要帮助公司把产品卖出去。也就是说，公司是需要你来卖产品的，如果你没有这个能力，那么再好的产品你也卖不出去，但是如果你的能力极强，稍差的产品你也能卖得出去。

从小到大，有很多事情是我没有办法选择的，我没有办法选择家乡，没有办法选择出身，没有办法选择父母是贫穷还是富有，也没有办法选择容貌，但是我能选择的是在成年以后做什么工作。对于我来说，这是我能选择的，我很喜欢做销售。

如果你选择做销售这个工作，那么我要恭喜你，你会看到更多的可能性。我的父母一直希望我能有一个体制内的工作，希望我有一个"铁饭碗"，但我觉得即使人们的起点和终点是一样的，沿途的风景也可能是不一样的。比如，你坐飞机飞向终点，看到的风景是天空、云彩、云层。如果你坐高铁去同样的终点，那么看到的就是山山水水、隧道、乡间稻田。

很多人问我，"如果让你重新选择，你会不会选择一个体制内的工作？"其实，如果再给我 100 次重新选择的机会，我依然会选择做销售，因为我热爱，我喜欢。我喜欢说服一个人的成就感。如果你用这样的想法做销售，就会发现不管客户是什么样的，在你的眼里他们就像沿途的风景而已。人生可以有无数种选择，但是我要的是活得精彩。

对于公司和客户来说，销售人员其实是有价值的。对公司的价值刚才已经介绍了，很多公司的利润是由销售人员掌控的。同样，销售人员对于客户来说也有非常大的价值，是值得被客户信任的朋友。我在 21 岁时，就靠做销售赚了 300 万元。你不要认为做销售很卑微，销售人员很重要。你首先要做好前面介绍的销售人员的角色定位。

第 1 章　独特的销售开局

做销售的意义

作为一线销售人员，你是卖东西的，向上需要对接公司，向下需要对接客户，你处于中间位置。按理来说，你应该能起到承上启下的作用。大部分人对销售人员的理解基本上就是这样的。

你来思考以下几个问题：做销售的意义是什么？做销售的核心诉求是什么？做销售的原动力是什么？很多销售人员说为了赚钱，但是当面对客户时能说为了赚钱吗？绝对不能，所以你要赋予做销售这件事情新的意义，让它变得不一样。

当提到阿里巴巴时，人们首先想到的是马云。当提到腾讯时，人们首先想到的是马化腾。从某种程度上来说，个人 IP（Intellectual Property，本义为知识产权，引申为品牌、形象、文化符号）的价值已经大于一个企业 IP 的价值了。所以，这就是为什么我一直在强调让个人 IP 走在产品 IP 的前面。这也是贯穿本书的一条主线。

作为一线销售人员，如果你的客户都是因为你们公司的产品才选择与你合作，那么你就没有任何价值。公司需要的是可以提供附加值的销售人员。如果你只是一个会向别人推荐产品的"工具人"，就毫无意义。相反，如果你的客户对产品不太了解，但是因为你这个人而对公司和产品更加信任，那么你不仅塑造了个人品牌，还为公司增光添彩。

做销售的意义并不只是赚钱，更重要的意义是你可以引发客户的共情，让客户觉得跟你一起做事非常踏实。比如，支付宝主要用于支付，但是它的广告语是"千里之外每月为爸妈按下水电费的'支付'键，仿佛我从未走远，为牵挂付出，每一笔都是在乎"。你在看完这个广告语后，会发现非常温暖，会被感动。不论你做什么工作，都要给这个工作赋予一种新的意义。在给这个工作赋予了新的意义以后，你就会发现，你的工作状态完全不一样了。作为销售人员，有的事情是需要你引导客户做的。如果客户感受到你做销售不是为了钱，就可能认为你是一个好人，但如果觉得你做销售只是为了钱，就永远都会防备你，所以你一定要大胆地对客户说你为什么做这件事情，并且要赋予它新的意义。

好的销售人员永远有两个产品

好的销售人员永远有两个产品。第一个产品是公司的产品，这个产品客观存在。比如，你是销售汽车的，汽车就是这个客观存在的产品，至于发动机是什么、有没有全景天窗等是汽车的配置。第二个产品是销售人员自己。比如，你是一个什么样的人、是否聪明、有哪些特点、对客户是否负责，这是你的"配置"。这两个产品谁重要就不用多说了，真正好的销售人员不卖产品，只

"卖"自己，让客户接受他这个人。这就是销售人员最应该做的一件事情。你要永远记住一点，好的销售人员"卖"的是自己，这就是角色定位。对于客户来说，做销售的人很重要。

在开局做出正确的姿态

很多销售人员在开局时就做错了，让自己陷入了被动的局面，做出了错误的销售姿态。比如，他们在开场阶段面对客户时，在气势方面就先输了，总觉得客户给他们带来收益，就应该尊重客户，凡事都听客户的。在这里我想说，我们尊重客户没有问题，但是不能过于热情。

对于一线销售人员来说，在成交之前，不可能和客户成为朋友。在成交之前，你们之间存在着利益关系，只要存在利益关系，朋友关系就没有那么稳固，所以在成交之前你们不可能成为朋友，因为"自古买卖两条心"。在客户的眼里没有最低价，只有更低价。不管你把价格降到多低，他可能都会认为你赚他的钱。很多销售人员都会陷入这样的思维误区，总认为只要服务做得好一些，客户就会选择与他们合作。好的服务只会让客户认为，这件事情是你应该做的，因为你需要让客户选择与你合作。

我的做法是，在成交之前，我不会为客户提供无偿的服务，这是没有必要也没有意义的。这就是我的姿态。

○ 销售说服力

下面举一个非常简单的案例。比如，我是一个服装店的老板，有一个阿姨进店买衣服。她穿得不太好，也比较可怜，问我这件衣服多少钱，我说："8000元"。她说："老板，我的女儿由我一个人带大，马上要结婚了，我连一件像样的衣服都没有，您能不能帮帮忙，以最低的价格卖给我？"假设这件衣服是4000元进的，运费是50元。我不要运费了，以4000元卖给她。她在第一时间可能不会感谢我，反而会觉得1500元也能卖给她。这其实就是销售人员与客户之间的关系。

你既然确定了与客户在成交之前不能成为朋友，就要做出正确的姿态。很多销售人员都会犯一个低级错误，在客户的面前会说："张总，请问您需要××吗？""张总，请问您最近有购买××的打算吗？"

如果你在开局时就做出了高姿态，那么在未来就不需要恳求客户。你与客户的关系很简单，就是等价交换的关系。作为一线销售人员，你一定要记住这一点：在成交之前，没有义务为客户服务，不要试图和客户成为朋友，不要总想着这个客户是不是你的，能不能跟你成交。有很多客户在前一天答应签单，但是第二天根本不理你。在客户交钱之前，你不要试图用好的服务、好的态度留住客户。你越这么做，客户就越会觉得理所当然。

现在的销售环境和以前已经不一样了，你不要以一个服务员的姿态面对客户，那么以什么姿态面对客户呢？你是专业的销售人员，应该这样给自己定位。不论客户有多么高的社会地位、多么有钱，都不能对你指手画脚，只能向你咨询。现在是付费的年代，客户找你咨询问题，你给他专业的建议，可以碍于客户的情面不要钱，但他要尊重你，道理就是这么简单。

让个人 IP 走在产品 IP 前面

你的经济条件好

在与客户交流时，你一定要在客户的面前展现你的经济条件好。很多销售人员会对这点有些困惑，认为客户比他们有钱得多，为什么要在客户的面前展现经济条件好？因为你要先知道客户是怎么想的，然后才能设计相应的策略，这样才能让策略更加精准。

我在客户的面前展现经济条件好，其实是想告诉客户，他不需要担心，我不会因为蝇头小利欺骗他或者向他过度承诺。在大多数人的眼里，一个开宾利汽车的人不会为了 500 元骗人。在客户的面前展现经济条件好的目的其实是给客户一些安全感。如果你在客户的面前展现穷困潦倒，换来的可能是客户对你的防备。客户可能会认为你为了蝇头小利给他一些过度的承诺，这是客户最担心的问题。

销售说服力

很多销售人员在与客户沟通时会说："张总，我这两天只为您服务。您一定要和我合作，如果您不和我合作，我这个月的房租都没法交了。您就相信我一次，给我一个机会好吗？"当听到这样的话术后，客户会非常紧张，感觉这个人很可怕。客户可能会同情这样的销售人员，如果单子很小，只有几百元，客户也许就和他签了，但绝对不可能和他签几千、几万元，甚至几十万元的单子。人们可能会同情弱者，但是在行为上会追随强者，这是我要说明的一个核心点。

我给客户打了三五次电话他都没有接，甚至也不回消息，当我再次给他打电话他接了时，我一般会先这样对客户说："张总，我觉得您挺忙。"然后，我会说："我这两天也挺忙，都没顾上和您联系，实在抱歉。"这就是在缓解我们之间的关系，拉平我们之间的位置。紧接着我会说："张总，像您这样的客户我不多，就是新客户不多，为什么？我在这个行业里做了这么多年，大钱真的赚过，但是我觉得到现在为止最大的收获就是我有很多老客户。不瞒您说，即使我现在三五个月不开工，这些老客户给我的转介绍也一样能让我赚很多钱。我可能不像您那么有钱，但我也不缺钱。"这是让客户形成一种潜意识，我可能没有他想象中那么有钱，或者没有他有钱，但至少我的经济条件很好，我很优秀。

在与客户交流时，你在哪个环节最能向客户展现这个方面的优势？那一定是微信朋友圈（简称朋友圈）。作为一线销售人员，朋友圈就是门面。原来人们通过名片互相认识，现在都会互相添加微信。你添加客户为好友后，在第一时间可能不会和他说话，但是可能会看一看他的朋友圈。他的职位、家庭结构、性格特点、兴趣爱好、人际关系、生活质量，甚至他的"精气神"都可以在朋友圈中展现出来。所以，这就是为什么说朋友圈是门面。

朋友圈是被动展现的。你与客户的关系在刚开始时是陌生的关系，客户一般不会主动地了解你，朋友圈就起到了至关重要的作用。你在朋友圈里的自我营销就非常重要。

有很多一线销售人员添加我的微信，问我销售怎么做。我会打开他们的朋友圈看一看他们的状态是什么样的。以房产销售人员为例，我见到的大部分房产销售人员的朋友圈里展现的都是密密麻麻的九宫格广告。客户判断一个产品是理性的，但是做出购买决定（也就是成交）的时候可能是冲动的。如果你的朋友圈中全部都是广告，包括公司广告和产品广告，那么怎么让客户产生购买的冲动？你要与客户建立情感连接。可是你给客户建立情感连接的机会了吗？你有没有给客户留下一些聊其他话题的机会呢？你的朋友圈里全是广告，客户凭什么跟你聊其他话题呢？那就在商言商呗，这是一个核心的问题。

在朋友圈里不要发太多的广告，公司广告和产品广告的占比不要超过 30%，其余的 70% 要做自我营销。你的朋友圈是给别人看的，通过朋友圈别人对你产生什么印象，都应该是你提前设计好的。别人没有机会或者没有意愿主动地了解你到底是怎样的人，你可以通过朋友圈展现出来，他即使随便看一下，也能对你有初步的印象。所以，在发朋友圈时，你一定要注意包装。

比如，你平时喜欢游泳或者做瑜伽，那么一定要在朋友圈里或多或少地展现出来。又如，你和朋友在一家高级餐厅聚餐，一定要把聚餐照片 PS 得非常精致再发出来，这可以证明你的生活品质很高。你也可以经常晒一晒你的汽车、出入的高级酒店、去旅游坐的头等舱等。你要把这些能展现出经济条件好的所有因素都展现出来，让客户知道你并不差钱。

前面已经介绍过了，展现经济条件好不是为了在客户的面前炫耀，而是为了让客户在和你合作时，能够感觉踏实，没有心理负担。关于经济条件好，你可以用很多方式展现，但是一定要注意，不要直接告诉客户你是一个经济条件好的人，一定要通过其他的方式从侧面来证明。比如，你有名牌的皮包、比较贵的手表，可以找机会露一露，证明你是一个有品位的人。又如，在图书馆看书时，你可以先在桌子上放一杯茶或者一杯咖啡，然后把看书的照片发到朋友圈。别人可能不会在意你在看什么书,但是会下意识地认为你可能是一个比较有涵养的人,这就是朋友圈的作用。

你和客户之间建立信任并不是一蹴而就的,信任是通过无数个细节建立起来的。

你不缺客户

销售人员在面对客户时,总会处于天然的弱势。销售人员与客户之间,本来就不平等,但如果你认为确实存在劣势,就彻底输了。你要永远记住一点,不管客户的社会地位多么高,客户有多少资产,在你的面前他都是一个外行。隔行如隔山,术业有专攻。你以一个专业的从业人员身份面对外行的咨询,为什么要低三下四呢?

有很多一线销售人员在面对客户时,心理上会有一些微妙的变化,会觉得好不容易找到这样一个客户,而且这个客户是有购买力、有核心竞争力的,有很大概率会和他们合作。这时,他们在和客户说话时连大气也不敢喘,会谨小慎微,生怕说错话。这是因为他们太在意这个客户了。

对于一线销售人员来说，**真正顶级的销售思维是永远不要让客户认为，他在你的心目中很重要。**很多客户在和你建立联系之前，自己都没有意识到他们很重要，这都是你让他们感觉的。你越不在意他，他反而越觉得你是一个有性情、有本事的人。比如，你给客户打电话，或者和客户见面，热情地向客户介绍了40分钟产品和公司的背景，客户最后就回复"等等再说吧"或者"我需要时找你"这种敷衍的话，这样的情况特别多。你是不是会自我怀疑，觉得自己说的话不够吸引人？你不要自我怀疑，归根结底只有一个问题：你在客户的心目中不重要，很缺客户。

你怎么告诉客户你很重要？下面分享一个我的学员的真实案例。他的身份是主管。虽然同事知道他的身份，但是客户并不知道。他怎么在客户的面前展现身份优势呢？在与客户沟通时，如果他直接对客户说他是主管，有一定的权力，那么客户马上就会想"'神经病'吧，你是主管和我有什么关系？"他很聪明，在和客户通话时这样说："张总，我现在已经把我的观点表达清楚了，您有什么想法就直接对我说，知无不言吧。"这时，客户刚要说话，他就打断客户，说："实在抱歉，张总，我看到我们公司的微信内部核心群有一条消息，让我现在赶紧去开会。最近公司有一个项目升级，产品马上要做一次大迭代。我要参加一下，给他们签字，否则他们没法推进，您稍等我片刻，10分钟内我就回来，然后马上给您打过去。"然后，他就把电话挂掉。

在这样的话术中，有两个信息很重要。第一个信息是他在公司的内部核心群。第二个信息是公司的产品马上要做一次大迭代，他要去签字，否则项目没法推进。这两个信息体现出他在公司里是举足轻重的人物，不是普通的销售人员。这些都是从侧面告诉客户的，而不是直接告诉客户的。他在向客户道歉的过程中说出一件事情，从侧面证明他是一个什么样的人，而这都是他提前设计好的。客户可能不会完全相信他说的话，但是会半信半疑。这样的做法有好的一面，但是也有不好的一面，你要灵活使用。你要先在客户的心目中打造你的人设，在客户的面前展现出你很重要，是一个特别厉害的人。

这个学员还用同样的方式展现他不缺客户。比如，他在和客户打电话时，说："张总，实在不好意思，我刚才看到我们公司的前台来了几个客户。他们昨天就过来了，是从外地过来找我签合同的。我昨天一天都在忙，现在他们找到公司来了，今天晚上就要坐高铁回去。我要先过去把合同签了。我先接待他们一下，要不然做得实在有点过分了，都没有尽到地主之谊。"他简简单单地说了这样几句话，还是在向客户道歉，但是从侧面证明他在这个市场中是非常受欢迎的，不缺客户，而且客户很多。同样，这样的做法有好的一面，也有不好的一面，你要灵活使用。

同样，客户可能不会完全相信，但是会半信半疑，只要他半信半疑，以后的销售工作就好开展了。

你可以通过这样的事情，先让客户在潜意识里形成碎片化的认知。当碎片化的认知在客户的潜意识里叠加时，你的整体人设就会在客户的面前呈现出来。这些认知是你主动让客户形成的，而非在客户的面前低三下四形成的。你可以用这样的方式拉平与客户之间的位置。

我经常对客户说："张总，我不瞒您，即使我三五个月不开工，也能通过老客户的转介绍获得很多收入。为什么？因为我对他们足够好，所以老客户会转介绍，转介绍来的客户还会再转介绍。您知道我在这个行业里未来能有多少收入吗？您可能觉得是您在选择我，但是我觉得我们是彼此选择的。我希望您在未来能和我长期合作，而不是做'一锤子买卖'。我们的关系并不是在今天合作之后就结束了，绝不是这样的。所以，张总，这件事您自己选择，好与坏能逃得过您的眼睛吗？您是不是选择我都是您做决定的，只要您相信我，愿意和我合作，我就会让您满意，因为我看重的是长期合作，而不是短期利益。"对于客户来说，他可能从来都没有接触过像我这样的销售人员，没有销售人员敢说这种话，在我说完之后，他可能瞬间就会觉得我有竞争力，因为我和其他的销售人员有巨大的区别。其他的销售人员都在催客户尽快合作，但我却和他们完全相反。这充分说明我是有把握的人，也是有真本事的人，而这样的人往往最容易被客户接受。

你很权威

你应该怎么体现自己的权威性？首先，你要注意的一点是，即使人们对某件事情已经做出了决定，也希望找到一个权威的人确定一下自己的想法是不是对的。权威性往往是一线销售人员最缺乏的。你不要完全顺从客户的意思，恰到好处地顶撞和更正更能够让你在这个市场中充满竞争力，打造一个完整的人设。

很多销售人员试图用积极、热情的服务态度留住客户，认为只要服务好、表现好，客户就会因此而感动，大概率会选择他们。这并不对，你要记住，过于完美的背后一定是有问题的，言过其实的吹捧一定是有问题的。你越这样做，客户就越觉得不安，会认为后面一定有大坑，反而加强了对你的防备。所以，你和客户之间的关系一定要是平等的。平等的关系是什么样的？你不是一个"臭销售"，而是专业的从业人员，是在行业里非常权威的人，不能低三下四地与客户沟通。

客户有的时候不尊重你，其实归根结底只有一个原因，是你认为自己"不值钱"。作为销售人员,你可以给客户提供一些服务,但是要记住,给客户提供服务、解决问题的方案只存在于成交以后,而不是成交以前。客户在交钱之前,找你进行咨询,你既可以理他,也可以不理他。

作为销售人员,如果你认为自己"不值钱",那么客户也一定认为你"不值钱",如果你认为自己很"值钱",那么客户有一天也会认为你很"值钱"。在与客户沟通时,你要在无形中给客户灌输一些观念。比如,我会说:"张总,您看我是不是有黑眼圈了?"客户基本上都会说有点黑眼圈。然后,我说:"可别提了,我今天跟您说话的状态不好,都担心您感觉不满意,挑理。昨天我签了一个合同,这个客户是上市公司的高管,我们签完合同后很开心,一起吃饭到晚上 9 点多,我都准备回家了,没想到他喝开心了,拉着我的手一直聊,聊到凌晨 2 点半,所以我今天的状态不太好,请您多担待,实在抱歉,将来如果有机会,咱们也喝一点儿,但是不要喝到那么晚。"

很多销售人员都跟着客户的节奏走,客户说什么就是什么,而我用我的故事让客户跟着我的节奏走,我说我和上市公司的高管一起吃饭,我们签了合同。这就说明我的客户群体很厉害。我这么做的目的不是在客户的面前吹牛,而是让他重视我。

第 1 章　独特的销售开局

打破固化思维方式的有效开场

做出高姿态的开场白话术

作为销售人员，你在客户的面前天然地处于弱势，如果想要取得客户的信任，与客户保持黏性，就需要使用一定的话术和技巧。只有当与客户的地位平等时，你才有话语权，才能让客户认真地听你说话，这样才能节省大量的沟通时间和沟通成本。这是非常重要的。

有些销售人员会使用以下话术，"张总，请问您需要吗？""张总，我随时都在。""张总，有任何问题您都可以随时联系我，我是××公司的小王。"这些话术都是有问题的，我一般会这样对客户说："张总，我从专业的角度帮您先做一下分析。""张总，您需要我的帮助。""张总，我可以从专业的角度帮您处理一下眼下的问题。""张总，如果我无法帮到您，那么不用您说我也会退出。我有自知之明，如果我没有价值，您当然不会选择我。"这些话术都是在说"张总，您需要我的帮助。"

另外，我还可以强调，"张总，我可以帮您做专业的分析，即使您不选择我，在面对其他同行时，多知道一些，也会做到心中有数。"这种话术所表现出来的心态和前面说的服务心态是完全不一样的。从真正意义上来说，你要想在销售行业中找到属于自己的风格，这就是一个最佳的方案。这个话术意味着你在客户的面前不再处于弱势。

我一般在销售开局或者服务开局时经常这样对客户说："张总，在与您沟通的这几天里，我发现您是一个社会阅历非常丰富的人。从社会阅历这个角度来说，我觉得我就像一个透明人，在您的面前一点儿套路都不敢用，因为如果用套路，就是在班门弄斧，搬起石头砸自己的脚。我也观察到，您在您的行业里是专家，否则不可能把事业做得这么成功。但是，话说回来，术业有专攻，隔行如隔山，我在这个行业里工作了5年，从专业上来说没有服过任何人。您今天找到我，就说明您有一些问题需要专业人员进行解答。既然您需要专业人员的帮助，那么我们的关系就非常清晰了。在未来，您作为一个消费者，提出需要被解决的问题，我负责解决您的问题。如果我解决不了您的问题，您选择和其他人合作我没有任何意见，我也不会逞能。如果我逞能了，说可以解决您的问题，我们合作了，但是最后我又解决不了您的问题，您就会觉得我骗了您，那么我所做的一切就前功尽弃了。所以，张总，您可以完全放心，我绝对不会像某些销售人员一样，每天追着您，烦您。您忙，我也忙，大家都挺忙的，您说对吗？"我用这样的一个话术让客户完全明白，他和我的关系是平等的。

上面的话术可以被拆分成以下几点来理解。第一，肯定客户。前三句话在夸赞他。第二，树立我的形象，确定我的地位。第四句话是找准我的定位，他再怎么专业，在我的面前都是外行，同行看门道，外行看热闹。第三，确定我们之间的关系，找到平衡点。后面几句话提高了我的姿态，证明了我的人设、我做事很认真，可以让他完全放心，绝对不会像某些销售人员那样天天催他。这就是在拉平彼此的位置。

不管你面对的是什么样的客户，也不管你是什么行业的销售人员，只要把这个话术打磨得非常漂亮，在说出来之后，你在客户的心目中就会与众不同。通过这个话术，你应该会发现与客户很好沟通了。所以，你既不需要摆低姿态，也不需要摆高姿态，而应该力求与客户平等。

我经常会对客户说："张总，我去和其他公司签合同，正好路过您的公司，顺便过去和您聊两句"，而不会说："张总，我专门去看看您。"我不用让他知道我是不是重视他，就是顺道过去看看他，好长时间没见面了，跟他聊一聊。如果客户说："不好意思，我这两天有点忙，没接你的电话。"我就会对他说："张总，太巧了，这几天我给您打电话时您肯定在忙，我也特别忙，所以后来一直没和您联系。"我的目的是告诉他我们都忙。我在做姿态定位时，不是试图高于客户，而是力求拉平我们的位置。只有这样，才会取得最佳的效果。

什么是销售人员的姿态定位？就是我不求你，你也不用求我，我们能合作就合作，不能合作就拉倒，就是这么简单。有很多销售人员在面对客户时总觉得低人一等，总觉得在挣客户的钱，总想要好好地对待客户或总觉得亏欠客户。准确地说，这种销售人员不会做销售，你们之间是平等的，为什么要求他？我经常用的一个话术是，"咱们都是成年人，我把产品推荐给您，至于是买还是不买，您做什么样的决定都与我没有关系。不是我说好才好，而是您认为好才是真的好。我不会像某些销售人员一样每天都催您。我觉得没有必要，有的人觉得我们的产品很好，有的人觉得我们的产品不好。好与不好在于是否满足您的需求，是否符合您的预期。我更希望和客户合作的基础是互相认可。"如果使用了这个话术，你就会发现你不是以一种低姿态面对客户，你们是合作伙伴。不论你是哪个行业的销售人员，都是一个专业的从业人员，可以从专业的角度为客户做分析，但是只能帮客户做判断，至于客户买不买，做什么决定与你一点儿关系也没有。这时，你说话是客观的，客户会觉得你和别人不一样，这是最重要的。

我在客户的面前不需要吹牛，也不需要证明自己如何了不起，只是通过技巧和话术告诉客户，我是一个值得被信任的人，我们谁也不亏欠谁，我们的关系是平等的。只有在客户交钱后，我才为他提供服务，而不是在合作之前就为他服务。

销售的第一步：忘掉成交

真正顶级的销售思维是什么样的？就是忘掉成交，忘掉在这个过程中产生的一切利益。这样，你与客户的关系就会很近。作为一线销售人员，你与客户沟通的内容离成交越近，与客户之间的关系就会变得越远，因为这时客户离花钱的时间越近。反之，如果你与客户沟通的内容离成交越远，就意味着与客户之间的关系越近，因为这时客户离花钱的时间越远，这个逻辑非常巧妙。如果你用传统的销售思维面对客户，那么一直在向客户要结果，这时客户对你只有防备。所以，我建议你从反向的角度来做。

/ 第 2 章 /

成为了解人性的高端玩家

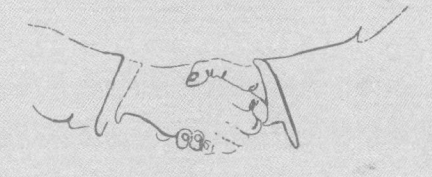

CHAPTER 02

销售说服力

欲擒故纵的销售思维

你平时在和客户交流时用什么方式、什么态度面对客户？我见过很多销售人员在客户的面前连大气都不敢喘。这其实是错误的，你在客户的面前天然地处于弱势，这是正常的。你的地位不需要高于客户，只需要与客户平等。

很多销售人员在面对客户时会想，这个客户可以让他们赚很多钱。一方面，他们可以在公司树立威信。另一方面，他们在赚钱之后还能买很多东西。所以，他们总是特别在意怎么面对客户。当过于在意某一件事时，你就很可能犯错，越想避免犯错，就越会犯错，无论是在工作中，还是在日常的生活中都如此。当以这种非常在意的姿态面对客户、满脑子都想着自己的利益时，你就会发现，做事情特别不自然，很容易让客户反感。很多销售人员一直向客户要一个结果。比如,"张总,您考虑得怎么样了?""张总,您到底什么时候和我合作?"当阐述这样的观点时,客户一定会非常反感,甚至感觉很有压力。

下面我举一个自己的案例来帮助你理解"欲擒故纵"的销售思维。2022年,我有买房的打算,就去看了我们当地一个比较有名气的楼盘。销售人员带我去看了一个毛坯房。我们都知道毛坯房不会让人有很好的感觉,也激不起客户的购买欲望。我觉得这个毛坯房一般,就离开这个楼盘去了其他楼盘。在看了其他楼盘后,我还是觉得原来那个楼盘好,而且比其他楼盘好得多。所以,我就又去了这个楼盘。这次,一个女销售人员接待了我,她带我去看的是样板间。因为样板间的装修非常好,所以它对消费者的诱惑力还是很大的。我是一个非常容易冲动消费的人,我进入那个样板间后的第一感受就是这个房子非我莫属。于是,我对这个女销售人员说:"我们马上回到售楼处,我先交定金,明天过来签合同。"对于一个普通的销售人员来说,如果听到我这么说,她一定会非常兴奋,但是她接下来说的话才让我体会到什么是真正的欲擒故纵。她说:"乔先生,我知道您可能不差钱,买房对您来说也不是大事。我做销售好多年了,碰见过很多比较冲动的客户。他们今天把定金交了,明天又过来退。当然,我不是说您是这样的人。我们公司不让退定金,万一您明天来退定金,就会很尴尬,到时候我们连朋友都没法做,其实我还想和您交朋友。我觉得对

> 销售说服力

您来说买房可能不是大事，但是您最好回家和家里人商量一下，这也是对他们的尊重啊。如果您明天早上过来仍想买这个房子，我们再签合同。"

成交其实是与冲动有关的，冲动的背后可能是反悔和变卦。我在从事销售工作的这么多年中，经历过无数次客户在前一天答应签合同，结果第二天就联系不上的情况。这其实意味着客户在做出决定的那一刻是冲动的。这个女销售人员使用的就是欲擒故纵，不仅不拉住客户，而且把客户推开。也许你会有疑问，客户会不会明天早上不回来？会出现这种情况。我作为一个消费者，在听到这个女销售人员的话后会觉得她不功利，非常踏实和靠谱，让我很有安全感，甚至我以后再买房时可能还会找她。从表面上看，她把我往外推，但是实际上却拉近了我和她的关系。如果我第二天早上真没来，她还可以有二次跟进、三次跟进的机会，这就是欲擒故纵。反之，如果我交了定金，第二天反悔，她可能连继续跟进的机会都没有了。

你在做任何一个决策时都要告诉客户你没有那么需要他，做事要稳一点儿，越是这样做，离他就越近。

各个行业里的销售人员都可以用这样的方法，先把客户的情绪调动起来，让客户对这件事情产生兴趣，再告诉他这件事情他可能做不成。

我以前在做软件推广时会先对客户说:"张总,我们的产品价格大概是 10 万元,如果您使用我们的产品,1 年可以多赚 100 万元(举个例子)。我们公司一共只有 50 个购买名额。不好意思,我不能马上把名额给您,要向公司领导请示一下,因为不知道公司的其他高管拿了多少名额。如果 50 个名额都被别人拿走了,那么您给我 10 万元我也没法收。您一旦拿到这个名额,收益就一定非常可观。"我不在意是否成交,也不在意他最后是否选择我,我只让他对这件事情感兴趣。然后,在接下来的很长一段时间里,我在给他打电话时都会说:"张总,可别提了,前两天我和公司的高管一起交流。他们说名额恐怕不够,到现在为止,有很多高管的亲戚或者朋友都已经拿到名额了。因为大家都知道这个产品特别好,所以我没有办法向您保证拿到。我会极力争取,但是估计可能性不大。如果您买到这个产品,1 年可以多赚 100 万元,5 年就可以多赚 500 万元,而仅用付出 10 万元。这简直太合适了。"我开始给客户算账,越算客户就越觉得这个产品能让他赚不少钱。我每一次与他沟通,都说这个产品的重要性,说这个产品能带给他的收益。当客户有一天问我还有没有机会买这个产品时,这个生意基本上就谈成了。我有一天会突然对他说:"张总,我得到一个内部消息,有一个领导的亲戚的资金不足了,可能会空出一个名额。我一直在盯着,一定把这个名额拿到,您到时候尽快来和我签合同。"

当诱惑力足够大，客户认为这个产品足够重要时，你突然告诉他有机会购买，他就会希望立即购买，甚至都不会讲价。

这个世界上有很多种类型的销售人员，有的人卖产品，有的人卖服务，有的人卖价值，但是顶级的销售人员卖的是愿景、可能性、未来的梦想。有很多销售人员对我说，客户已经与他们沟通一两个月了，早就知道价格了，但就是迟迟不做购买决定。我认为，这个客户对这个产品绝对有兴趣，但是他没有决定买，就说明销售人员对他的刺激不够，可以这样说："张总，我觉得我们干脆就不要合作了。您考虑了这么长时间，就说明对我们的产品非常感兴趣，但是没有决定买，那么只有一种可能性，就是您不相信我。如果您不相信我，合作就没有意义。即使未来我们合作，效果也不会好，所以还不如不合作，我不会毁了自己的客户好评率。我要保证最终效果，您说是吧？我不想在这个行业里走得快，但是想在这个行业里走得久，这是我的销售调性。"我告诉客户不合作，反而会促使他快速地做出决定，这也是欲擒故纵。

释放压力，解除客户的成交感

你可以回忆一下，作为消费者，你面对什么样的销售人员感觉心里特别舒服？如果销售人员对你说，要抓紧买，要不然马上就没有了，那么你会怎么想呢？如果销售人员说，这个产品太棒了，绝对没有问题，抓紧买吧，保证……那么你会怎么想呢？我不仅会觉得不舒服，还会觉得这个销售人员的水平很一般，而且一点儿都不可信，他的目的性太强了。

这就是为什么你要做角色转换，如果你想了解客户怎么想，就要先了解自己作为客户会怎么想。所以，在与客户交流时，要想让客户舒服，就不要催促，不要给客户压力，目的性不要太强。你可以想象一下，如果你在与客户交流时，总是说不着急，慢慢来，踏踏实实地买，那么客户就会觉得你非常踏实，很靠谱。除了不给客户压力，你还要让他留在你的身边。那么具体应该怎么做呢？

下面介绍的话术叫往外推话术，也叫释放压力话术。什么叫释放压力？释放客户的压力，也叫解除成交感。为什么要解除成交感？因为你的成交目的性越强，客户就会离你越远，这是底层逻辑。这个话术可以在各行各业中使用。我会说："张总，我和您聊了这么长时间，不知道您有没有发现，我和其他的销售人员有一个非常大的区别，就是我不着急。我不会像其他销售人员一样，每天催您做决定。其实，作为销售人员，我靠这个吃饭，当然希望您最后能够选择我，但是您有选择权，尤其是您作为消费者，产品好坏不是我说的，需要您自己感受。如果您认可我，不用我多说您也会和我合作，但是如果您不认可我，我说一万句您也不会相信我。我们公司和其他公司的状况不一样，我们公司去年出台了一项新的政策，让我们把所有已成交的客户都交给售后服务部门维护，目的是减轻我们的压力。当时，我们公司的大部分销售人员都这么做了，压力确实小了很多，但是我觉得这么做对不起客户。客户是因为相信我才购买了我们的产品。在客户买完产品后，如果我不管客户了，晚上都睡不着觉。所以，我就做了一个决定，无论我有没有时间开发新客户，都必须为老客户服务好，这是责任。不过，正是因为有这些老客户，所以我现在的客户好评率是100%，而且最重要的是即使几个月不开工，这些老客户给我转介绍也能让我赚很多钱。我可能不像您那么有钱，但我也不缺钱。从您的角度来看，您是消费者，觉得是您在选择我，但是从我的角度来看，我们是互相选择的。我不是不希望和您合作，而是希望合作的前提是，我要了解您需要解决的问题，并确信我能解决。您一定要充分了解我们的产品的所有功能，越详细越好。您了解得越详细，就意味着我们在最终成交时出现变故的可能性越小，这样的合作才是长久的，而不是做'一锤子买卖'。我觉得谨慎一点儿没有问题，谁的钱都不是大风刮来的。您不用着急，慢慢来。我会确保在整个沟通过程中对您知无不言。"作为客户，你听到这番话后，可能会觉得我给人很靠谱、很踏实、很亲切的感觉。如果你有这样的感觉，就说明这个话术非常有用。这就是解除客户的成交感，不催他，慢慢来，不着急。

如果你仔细理解这个话术，就会发现每一句话都有技巧，这个话术里体现了以下几点。第一，差异化。我和其他销售人员不一样，我不着急，这就是差异化。第二，把选择权交给客户。让客户掌控全局，客户会感觉非常好。第三，我负责任、靠谱。我没有按公司的规章制度把所有已成交的客户交给售后服务部门维护，而是自己为他们提供服务。第四，我们互相选择。表面上是客户在选择我，但实际上我们是互相选择的。第五，希望长期合作。一定要彼此熟悉，才能够长期合作。我不希望做"一锤子买卖"，希望能和客户成为永远的朋友，说明我做事情看得长远。这样的话术说出来以后，客户就会觉得和我合作心里踏实。

在和客户合作之前，你可以找到很多机会说这样的话。这时，你会发现客户对你的态度从对抗和冷冰冰变成了信任。如果有其他销售人员和他联系，他就会觉得这些销售人员和你不在同一个水平上。这就是往外推，释放压力，解除客户的成交感。

营造气氛，无形成交

上面介绍了往外推话术，下面介绍怎么拉回来，也就是往回拉话术。使用往回拉话术的目的实际上是制造"恐慌感"。我先介绍一个底层逻辑，就是客户不选择你，有的时候不是因为你这个人不行、产品不行，也不是因为他不信任你，其实是因为他认为

销售说服力

没有做出购买决定，没有做出选择你的决定是对的。有很多自以为是的人，也包括客户。如果他一直认为不选择你的决定是对的，就不会做出改变。

这时，你要做的不是把产品推荐给他，让他接受，而是证明他的想法是错的。你要告诉他如果他一直坚持这个想法会面临很大的问题。你只有先证明他的想法是错的，才能证明你的说法是对的，才有可能让他接受你们的产品。

在正常的情况下，应该怎么对客户说？举个简单的案例，我之前是做软件推广的，我们公司也有一些投资业务，投资业务由另一个同事负责。当时，他和一个客户在前期沟通得非常不错，这个客户对他非常信任，但是在成交的关键阶段，这个客户突然说："小王，我现在的资金不够了，我的资金基本上都投资到其他的项目里了，现在没有多余的钱。"客户没有钱，是一个致命的问题，什么投资都做不了，所以我的同事当时非常沮丧。我和他一起研究了客户投资的项目，发现了一些问题，于是给客户打电话，说："张总，其实从和您接触到现在，我基本上能知道您现在的心理状态大概是什么样的。您之前对我们说过的那个投资项目，实际上存在很大的问题。我过去之所以一直没有对您说，是因为觉得您最后会选择我们。和您联系了这么长时间，我觉得该说的话还是要对您说清楚，以免您有更大的损失。我在这个行业里做了

10 年，对这个行业是非常熟悉的。根据当下的市场行情，我感觉您现在投资的那个项目会出现问题，亏损有可能达到 10%～20%。虽然您不选择我，但是我也尽到了应尽的职责。如果您的财产受到损失，我也会很难受，因为毕竟和您接触过。"

通过这么简简单单的几句话，我告诉客户他现在投资的项目有问题，很可能亏损，让他注意。我说完这些话之后的变化是什么？过去我们一直主动联系这个客户，可是在他听完这些话后，他每天主动找我们问他投资的项目到底有什么问题。当证明了客户的想法是错的时，让他选择我们的机会就来了。因为他总问我，所以我就对他说："张总，这真的不好说，我觉得说出来之后，可能会对其他公司造成不好的影响，您就多注意吧。"于是，客户先取出一部分资金投资我们的项目，最终把所有的资金都投资我们的项目了。这是一个真实的案例。

下面我尽可能把这个话术写得全面，让你可以理解得更透彻。我会对客户这样说："张总，我在这个行业里工作了这么多年，接触了大量的客户，所以我真的知道客户是怎么想的。实话说，我觉得真正好的销售人员要尊重客户的选择，而不能逼迫他做任何决定。张总，我们联系了这么长的时间，我能判断出您是一个理性的人，并且在您的行业里，一定是非常专业的，否则不可能把事业做得这么成功，但是您不可能对所有的行业都了解，对吗？

专业的事情应该交给专业的人做,这是最理智、最高效的。选择权在您的手里,您在我的面前不需要有压力,我可以接受您今天跟我聊得热火朝天,第二天马上选择和别人合作。这种情况我遇到的太多了,我也能确定您身边的销售人员不止我一个。咱们沟通了这么长时间,我觉得您这个人不错,即使您不和我合作,有些话我也应该对您说一说。您是这个行业的局外人。我在这个行业中工作的时间太长了,这个行业的乱象我都清楚。您不要以外行的身份看待这个市场,您看到的市场表面上风平浪静,实则暗流涌动。您稍有不慎就会踩到大坑,前两天有一个客户过来找我,他非常强势,假装比我还专业,因为价格的问题我们没有谈拢。他最终选择和一个低价的公司合作,结果一个星期都没到,就过来向我抱怨,说被骗了,被忽悠了。当然,我不是诅咒您也发生这样的事情,只是想让您引以为戒。您可以不选择我,但是选择其他同行时建议慎重,多考虑一下。当然,如果您愿意,在和任何一家公司签合同与打款之前,可以随时给我打电话。我会从专业的角度帮您把关。我和您多说两句,希望您少走点弯路,不希望其他人让您受到损失,这是我做事的调性,也是我的职业素养。"

我所说的每句话中都带着"钩子",从表面上来看我的态度是无所谓,我的格局很大,但实际上客户离不开我。你可能没有看明白,下面拆解一下这个话术。①我恭维了客户,说他在他的行业里非常专业，否则不可能把事业做得这么成功。②我告诉他即使他这么厉害，但是在这个行业里也是一个局外人。我先把客户定位成外行，然后告诉他这个行业很乱。为了证明行业很乱，我还找到了一个案例，让客户感同身受。③建议他在选择其他同行时慎重，多考虑一下，制造与其他同行合作的障碍，拖延时间。在这段时间里，我得到了大量与他沟通的机会。④我告诉他在和任何一家公司合作与打款之前，可以随时给我打电话，我会从专业的角度帮他把关。这是我在掌控客户的成交进度。⑤塑造了自己的人设。他可以不选择我，但是我不希望他受到损失，这是我做事、做人的底线。这五点对他的冲击都非常大。在我说出这个话术后，客户基本上就离不开我了。

这个话术中有这样一句话，"如果您愿意，在和任何一家公司签合同与打款之前，可以随时给我打电话。"你可能会有一个疑问，万一客户不给我打电话怎么办？你怀疑这件事情合情合理，但我告诉你客户一定会给我打电话，为什么？因为我在刚才的话术中，强调了客户可以不选择我，可以不和我合作，消除了我与客户之间的利益关系，客户如果不和我合作，我们之间就没有任何利益关系。如果我们之间存在利益关系，客户可能会对我有些防备；如果不存在利益关系，客户向我要任何信息，向我咨询任何事情，都是在占便宜。对于客户来说，他要的不是真的占便宜，而是一个占便宜的感觉，所以他一定会给我打电话。

掌控心理，放慢节奏

要想掌控成交节奏，就要知道客户的心理状态是什么样的，然后才能知道应该如何在心理上和他博弈。你一定要多研究心理学，多看一些心理学方面的书。你如果了解了客户是怎么想的，那么接下来使用任何策略都会非常简单。比如，当客户看了你们的产品并非常喜欢时，你不要一味地说赶紧买、赶紧交定金吧。这是错误的。你一定要记住，当客户表现出比较喜欢你们的产品时，你不要在意这件事情，要让客户慢慢选。你越这么做，客户就越认为这个产品好。人们通常不会对能掌控的事情产生太大的兴趣，但是往往会对那些感觉还不错，但是掌控不了的事情产生兴趣。

及时稳单，了解客户的心理变化

前面介绍过，客户在做出购买决定的那一刻可能是冲动的。假设今天中午一个客户告诉我明天上午过来和我签合同，你觉得他变卦的可能性大吗？非常大！怎么才能知道他会不会变卦呢？我会在今天晚上 10 点左右，他快要睡觉时跟他通一次电话。之所以选择这个时间段,是因为他今天中午对我说要签合同,在这之后,他会接触很多人,比如朋友、同事等。他很可能把这件事情对他们说了,这些人不一定都支持他,只要有一个人反对,他就可能变卦。所以,我选择在晚上他快要睡觉时给他打电话,是要确保在明天签合同之前,把别人影响他的概率降到最小。我会这样说:"张总,您快要睡了吧?实在不好意思,这么晚给您打电话确实有点唐突了。我今天一天都在忙,自从您走了以后,我一直都没闲下来。我今天回到家时,突然想到我们的产品有一个功能还没有对您说清楚。我觉得要对您说清楚,否则我睡不着觉。"其实,产品的这个功能无关紧要。

如果这时客户对我说,他知道了,我们明天见面详细说,那么这个单子大概率没有问题。如果确实有人影响了他的决定,他很可能会说这件事他要再考虑一下,这就表明他可能明天不会和我签合同了。我今天晚上给他打电话就是想知道从他答应和我签合同的那一刻开始,一直到他睡觉,有没有人对他产生影响。如果有,他一定会在电话中告诉我,但是如果我今天晚上不联系他,明天可能就联系不上他了,我连问"为什么"的机会都没有了。

有的客户今天答应你签合同,明天就不联系你了,并不是因为他的人品差,有时候是因为他不好意思面对你,刚说出去的话就不算数了,怎么好意思面对你?这件事今天刚发生,你联系他,他大概率会告诉你有什么问题，但是过了今天，你可能就没有机会了。这就是稳单，这是顶级的销售思维。

打破客户的心理平衡

说到打破客户的心理平衡，很多人会说不了解客户的心理状况，没有办法掌控客户的情绪。下面我做一些解释，前面一直在强调有些客户之所以没有购买你们的产品，其实不是因为你对产品功能介绍得不好，也不是因为客户觉得你不可信，而是客户认为自己的选择是对的，认为自己的判断是对的，认为维持现状就不会出现任何问题。如果客户是这样想的，那么你想让他接受你的观点是非常困难的。成交不是一蹴而就的事，你要想办法打破客户的心理平衡，证明客户的想法是错的。只有这样，才有机会证明你的说法是对的，才可能让他选择你们的产品。

打破客户的心理平衡是一个顶级销售思维，它和普通的销售思维到底有什么区别呢？普通的销售思维是不遗余力地维护客户的心理平衡，以保证客户对你满意。这两种思维有本质的不同。

你想让客户接受你们的产品,但是他可能不会马上接受。这时,你要先让客户意识到他的判断和选择有可能是错的,打破他的心理平衡。这样,他才有可能接受你们的产品,你才有机会证明你的说法是对的。打破客户的心理平衡也有大量的话术和案例。

在介绍打破客户的心理平衡之前,你可以思考一下有没有遇到过下面这种情况。某个店铺做活动,购买第二杯饮料半价。你可能会为了半价的第二杯饮料,买第一杯饮料。我见过很多人,他们明明不喜欢花,但是家里有一个特别漂亮的花瓶,为了让这个花瓶里面有花,就买了一束鲜花。

鸟笼逻辑

鸟笼逻辑是心理学家勒布朗·詹姆斯提出的一个理论。詹姆斯是哈佛大学的教授,他有一个同事叫卡尔森,他们的关系非常好,无话不谈。卡尔森非常讨厌鸟。有一天,詹姆斯对卡尔森说:"我早晚有一天会让你养一只鸟。"卡尔森认为自己很讨厌鸟,不可能养鸟。然而,詹姆斯却坚信一定会让他养鸟。在卡尔森过生日时,詹姆斯作为他的朋友,送给他一件礼物。你应该已经猜到了这个礼物是什么,就是一个非常精致的鸟笼。卡尔森看到这个鸟笼之后，心里想"不管你送我多么贵的鸟笼，我也不会养鸟。"在他把这个鸟笼挂在客厅后，每当他的朋友来他家做客时，几乎都会指着那个鸟笼问："你家的鸟在哪里呢？你家的鸟飞到哪里去了？"终于有一天，卡尔森不耐烦了，就买了一只鸟，放在这个鸟笼里。

本来你不渴，不想喝饮料，但是看到第二杯饮料半价时可能就会去买，这是非常常见的一种现象。下面再举一个案例，有一个开发商非常有钱，在一个城市建了一个高端的高尔夫球场。可是，当建完高尔夫球场时，他突然发现当地早就已经有了一些中低端的高尔夫球场，几乎没有客户来他这里打高尔夫球，因为客户已经习惯了在中低端的高尔夫球场打球。这时，营销经理想了一个办法，找到在中低端高尔夫球场打球的所有客户的联系方式，告诉他们在高尔夫球场开业庆典的抽奖环节中被幸运地抽中了，可以免费领取一根非常精美的高尔夫球杆。这些客户领取高尔夫球杆后的前几天没什么动静，可是当拿着高端的球杆回到中低端的高尔夫球场打球时，他们感觉极度不舒适，心里非常矛盾。他们认为高端的球杆就应该在高端的高尔夫球场用，如果在中低端的高尔夫球场用，就会感觉心理不平衡。这就是鸟笼逻辑。

看到这里你可能就明白了，有些产品并不是客户不需要，而是你用什么方法刺激他，让他快速地意识到自己的现状有问题。

证明客户的想法是错的，销售人员的说法是对的

普通的销售人员总是漫无目的地刷着客户的存在感，而那些顶级的销售人员总是希望让客户觉得他的想法是错的。你要打破客户的心理平衡，证明你的说法是对的，才可能让他购买你们的产品，已经有很多类似的案例了。比如，360公司曾经生产过一段时间的插线板，而且当时的销量特别高。你可能会觉得不可思议。在iPhone 4S风靡全球时，360公司推出了一个插线板，其Slogan（标语）是"配得上iPhone的插线板"。当时，很多年轻人都喜欢iPhone手机，在看到这个商机之后，360公司打出这个Slogan。其广告语是"今天您使用的手机，是不超过三年的新科技，然而给它充电的插线板却还是上个世纪的发明，而那个时候它们需要满足的仅仅是电灯和台灯。现在，360重新定义了插线板。"你可能觉得这个广告语不切实际，用什么插线板都可以充电，可是当时360公司插线板的销量非常高。

销售说服力

你仔细思考就会发现，要想让客户接受你们的产品，其实不是要先介绍产品有多牛，而是要先告诉客户，他现在的选择是错的。如果一个人总认为自己的判断是正确的，那么很难做出改变，就很难接受你的任何观点。所以，你要通过打破客户的心理平衡，让他知道自己的想法是错的。

给客户制造一些不平衡

你在面对客户时，向客户介绍你们的产品，只是进行了产品推荐，是否接受的决定权在客户的手里，你很被动。你可以换一个思路，先给客户制造一些不平衡。我会对客户说："张总，我和您交流这么长时间了，一直在观察一些事情，就是您有哪些问题是现在需要解决的，有哪些问题是未来可能出现的。对于我来说，我当然希望您能购买我们的产品，但是更希望您购买我们的产品是因为我们的产品能解决您的问题。"

如果你想让客户做出购买决定，其实第一步要做的并不是推荐产品，而是指出客户当前有什么问题、有什么风险、有什么错误。这样，他才会做出改变，从而可能选择你们的产品。

影响客户决定的因素

保健因素 vs 激励因素

你在向客户推荐产品时,产品质量好坏只是客户是否购买的一部分影响因素。客户是否购买还受其他因素的影响。其他因素主要有两种,一种是保健因素,另一种是激励因素。

保健因素主要是指合同中约定的服务项目。比如,我是做企业咨询的,在客户交钱之后,我们在合同中约定每期进行多少次培训,培训内容涉及多少种销售思路、怎么搭建销售体系。这些是交付给客户的服务。同样,汽车销售人员会在合同中约定做几次保养、换几次机油等。对于这些在合同中约定的内容,客户不会认为是惊喜。

所谓的惊喜,就是激励因素。激励因素是指没有在合同中约定的东西。从消费心理学上来说,人们更期待的是得到预期以外的东西,也就是说人们更期待的因素是激励因素。

在整个销售流程中,一共有三个角色。第一个角色是公司,第二个角色是销售人员,第三个角色是客户。客户不仅需要保健因素,还需要预期之外的东西,也就是激励因素。公司通常能提供的是保健因素,而激励因素是由销售人员来提供的。在销售场景中,在你把产品介绍清楚后,客户可能并没有多么大的购买欲望,也不会做出购买决定,但是如果你让客户知道还有其他附加的东西,那么可能会让客户更快速、更坚决地做出购买决定。

超出客户预期的五个价值

下面介绍超出客户预期的五个价值,也就是给客户的惊喜。

第一个价值是外在价值。外在价值是什么?比如,我是卖化妆品的。在客户用了我们的产品之后,皮肤会变得很好,这就是直观的外在价值。你可能会觉得这并没有让客户惊喜,但是如果我告诉客户,使用我们的化妆品的效果要比使用相同价格的化妆品的效果好20%,这就是惊喜。

第二个价值是商誉价值。商誉价值代表了品牌的名气,是品牌的价值。在正常情况下,人们普遍认为品牌越大越可信。如果你们公司的品牌没有太大的名气,应该怎么做?其实大部分公司的名气都不大,可能是因为没有花大量的广告费。如果客户一定要选择大品牌的产品,那么你可以这样对客户说:"张总,如果您真的想要购买大品牌的产品，我就放弃了。我们真的没有拿出大量的财力扩大品牌的知名度，但您自己做生意也知道，对于一家公司来说，如果把大量的钱拿出来打广告，成本就会提高，要想保证原有的利润，可能就会减少一些功能。我不是说大品牌不好，而是想告诉您，我们希望把更多的精力投入到提高产品的质量上。从用户的角度来说，这才是真正的负责。"

第三个价值是附加值。附加值是指客户成为你们的会员后会享受的比普通客户额外的待遇。比如，有茶水、单间等，但是各个品牌在这个方面做得都差不多。对于附加值，要怎么对客户说才能够打动他？你不能说在合作之后，公司会给他提供什么东西，因为这是合同中约定的。你要给客户提供激励因素，就是在客户和你合作以后，你会给他提供什么服务。比如，可以这样说："张总，我相信您见过这个行业里的很多销售人员，我这个人怎么样您有自己的判断。我可能说话不好听，可能能力没有那么强，也不是销售冠军，但是我的客户好评率是100%。和我合作的客户都说我好，如果您想把产品用好，需要有一个人来为您负责，那么我当仁不让，这可能是我唯一的优势，但也是您最需要的，不是吗？"

第四个价值是资源价值。你一定要知道资源价值是什么。比如，我是做教育培训的，在招生时，会经常对客户说："您选择我们的平台不仅可以学习，还可以扩展人脉。我们的平台上有各行各业的精英，您在这里会接触很多同频的朋友。对于您来说，人脉就是价值。"

我给很多客户都讲过这样一个故事。当我们召集一些中小型企业家开会时，我会对他们说："我身边的很多企业家之所以能成功并不是因为他们的能力多么强，也不是因为机遇多么好，而是因为他们参与做了一些事情，找到了自己的合伙人和投资人。所以，参加这个会议有的时候真的不只是为了学习，而是为了找到那些同频的人。"

在对客户说资源价值时，你可以借助其他客户的力量去吸引眼前的这个客户，这叫借力打力。这是浅层表现，更深层的表现是什么？是你可以为他提供资源。你可以用很多种方式介绍这点。比如，我经常对客户说："我认识很多做风险投资的朋友。如果有一天您的公司需要融资，您不需要跑很多地方，只需要给我打一个电话，我基本上能帮您办好。当然，您不要认为我这么做是为了和您合作，即使我们不合作，也可以像朋友一样相处。"我在向客户表达未来我有可能帮到他。这个客户即使不和我合作，也不会把我的电话号码删掉，而且我们之间会交流得越来越多。

你可以从两个方面利用资源价值。第一个方面是借力打力，即你可以借助别人的力量做一些事情，达到你的目的。第二个方面是你可以为他提供资源。

很多销售人员经常抱怨，加了客户的微信后，总被客户删掉或者客户不理他们。原因只有一个，就是对于客户来说他们没有价值。对于客户来说，销售人员的价值分为两个层面：一个层面是现在的价值，另一个层面是以后有可能带来的价值。在与客户沟通和为客户服务时，你要在无形中渗透出你的价值，让客户觉得未来在某件事情上可能需要你帮忙。

第五个价值是客情价值。客情很好理解，就是销售人员和客户之间的感情。那么客情价值如何提供？其实，最核心的思路是你一定要和客户成为朋友。如果你总认为你和客户的关系是卖家和买家的关系，那么你们的关系永远近不了。你说话的风格、状态、内容都决定了客户会不会把你当成朋友。

很多销售人员在面对客户时会说："张总，您好，久仰了，您的办公室真漂亮，您本人可比照片上看起来年轻多了……"这样过于客气，人家能和你亲近吗？如果你想和客户成为朋友，就要在自己的身上先做文章。比如，我进入客户的办公室时，会这样说："张总，有水吗？麻烦给我倒杯水，开车来您这里太远了，真的累死我了，渴死我了。"或者"张总，开车来您这里太远了，真的累死我了，有烟吗？给我来一根。"这样就很自然。我们的关系本来是销售人员和客户的关系，但是我这样说了以后，他的态度就不一样了。你可以想象一下，你在面对客户时，总是客客气气的，怎么能和客户成为朋友呢？你和你的朋友在一起时是什么样的？

增高客户的退出壁垒

当你把这五个价值提供给客户时，客户的退出壁垒就会非常高。什么叫退出壁垒？离开你的代价就叫退出壁垒。当你只给客户一些保健因素，一些预期范围之内合同中约定的事项时，他的退出壁垒很低，离开你没什么代价，因为你和你们公司能给他的东西，别人也能给他，但是这五个价值会形成你的吸引力。如果客户不和你合作，就会发现在这个市场中再也找不到像你这样能给他这么多价值的人。所以，真正顶级的销售人员做销售就像养鱼一样，把鱼培养在一个非常合适的环境中，如果鱼有一天离开这片水域，环境变了，它就会极度不适。这就是销售人员最核心的竞争力。

给客户更多的可能性

你给客户的东西，不能只是合同中约定的公司给他提供的东西，要超出他的预期。为什么有的客户和你聊了几次就不见了？

不是他的问题，而是你的问题，是因为你没有给客户更多的可能性。未来在面对客户时，你要注意两个因素：一个因素是保健因素，另一个因素是激励因素。如果保健因素的占比+激励因素的占比等于 100%，那么保健因素要占 30%，激励因素要占 70%。你主要卖激励因素，激励因素是销售人员为客户提供的。这也是我一直强调的让个人 IP 走在产品 IP 的前面。

/ 第 3 章 /

成交捷径：建立信任

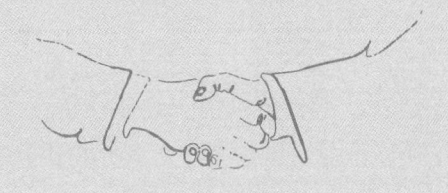

CHAPTER
03

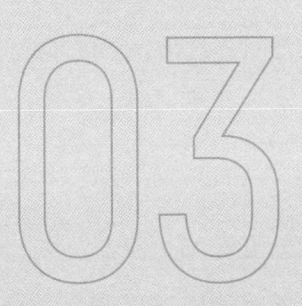

销售说服力

让客户感受到你的善意

在本书中我一直强调信任,这是因为我觉得,在整个销售流程中,**信任是成交的最重要因素**。在让客户接受你们的产品之前,你一定要先让他接受你的善意,并信任你。什么是信任?你可能无法让客户像信任家人那样信任你,但是要建立信任基础,让客户能够认真地听你说话,觉得你说的话的可信度很高。如果有10个销售人员和他联系,相比之下,你要让他更相信你。那么如何建立信任?

其实,你与客户之间的关系是对立的。如果把你比喻成一只雄鹰,那么客户就是一条小蛇。当挥动翅膀向下俯冲时,你还没有贴近他,他就躲起来了。这是因为你要在他的身上获取一些东西,也就是所谓的利润。这时,客户是防备你的,这是自然的。

所以，你要和其他的销售人员有区别。其他的销售人员以成交为目的，在面对客户时，说话的出发点都是自己的利益。你不妨换一个角度，在接近客户时，脚步更轻一点儿，慢慢地靠近客户。客户在转身看见你时，发现你面带微笑，会认为你不是为了最终的那个成交目的而来，而是为了交朋友而来。你为了和他交朋友也可以给他一些指导或者帮助。你要让客户感受到你的善意，这就是顶级销售人员应该先做的一件事情。

在平常与客户沟通时，你可能会这样说："张总，您好！我是××公司的销售人员，今天给您打电话的主要目的是向您推荐一下我们公司的××产品。这个产品能满足您的需求。"当你说到这里的时候，大部分客户在潜意识里可能会认为你想赚他的钱。这时，你的善意体现在哪里？也有很多销售人员这样说："张总，我跟您聊了这么长时间，发现我们的产品能满足您的需求，那不妨我们就一起合作。"你们一起合作的结果是把钱交给你，你赚取利润，这时你的善意体现在哪里呢？

很多销售人员在与客户沟通时，一张嘴就暴露了他们的目的。客户怎么会不防备他们呢？很多销售人员经常会说客户特别防备他们，很难相信他们。说到底，这是因为与客户沟通的出发点有问题，没有让客户感受到他们的善意。

销售说服力

你的客户不只是一个人

你的客户不只是一个人。下面对这句话进行一次剖析。比如，我是一个保险产品销售人员，这个保险产品只是买的客户使用吗？他是为自己而买的吗？我相信很多销售人员都没有思考过这个问题。客户在买了你们的产品后，他身边的人会不会因为他使用了你们的产品而受益呢？比如，你是房产销售人员。客户来看房。你每次与他沟通时都说，房子多么好，你们的品牌多么大，一直询问他想要什么样的房子。即使客户告诉你他想要什么样的房子，这个答案就是精准的吗？我认为这个答案很可能是错误的。你不能只考虑眼前的客户，更应该考虑的是，当客户买了这个产品之后，受益者都有谁。这就是前面说的，你的客户不只是一个人。

作为销售人员，你需要告诉客户不能只考虑他自己的需求，还要考虑他的家人和朋友的感受。你一定要从客户的角度来说。这时，客户会充分地体会到你的善意。我的身边发生过这样一件事：我有个朋友要离婚，我劝他不要离婚。离婚不是他一个人的事，离婚以后孩子怎么办呢？孩子就没有父爱或者母爱了。他的父母会不会因此而着急上火呢？他的名声会不会因此受到影响呢？真正的朋友绝不能只为这个人考虑，还要考虑他身边的所有人。

第 3 章 成交捷径：建立信任

看到这里，你再去向客户推荐产品时，就知道怎么让客户感受到你的善意了。例如，我是卖理财产品的，会这样对客户说："张总，这个产品您自己选择没有任何问题，而且您已经完全了解这个产品了，我相信您也货比三家了。如果您能选择我们的产品，我当然非常开心，但是我希望从专业的角度给您提供一些建议。您用于投资的这笔钱不能影响您的生活，不要让您的孩子的生活质量下降。我从来都不建议客户借钱投资，这点您能保证吗？"这些问题是张总买理财产品的问题吗？是张总背后的问题，张总的这个决定有可能影响其他人。又如，我也可以这样说："张总，这笔投资赚钱后我建议您给您的爱人买一辆汽车。她非常支持您拿出这么一大笔钱来投资，我觉得她是一个善解人意、知书达理的人。所以，您赚了钱之后，我觉得第一时间要给她奖励，因为她在默默地支持您。这都是我们奋斗的原动力，不是吗？"我并没有对客户说他自己可以得到的，而是让他考虑身边的人可以得到的。这样，我在客户心中的形象就完全不一样了。

再如，我是做培训的，希望客户买我的课程。如果我对他说买我的课程后能力会有巨大的进步，那么我们的关系依然是合作关系。我要让客户感受到我的善意，要跳出合作关系，让我们的关系成为朋友关系。我应该这样对他说："您现在月薪 1 万元，其实是远远不够的。您有爱人，有父母，孩子也还小，到处都需要用钱。我让您买我的课程，其实更想让您通过学习我的课程，收入能大幅增加。这样，您的爱人能吃得更好，您的孩子能玩得更好，您的父母能够更安心，这也是我做这件事情的意义。"我不再对客户说我们的产品多么适合他，而是考虑他背后的所有相关者，只有朋友才会这样做。我先做的不是让他了解我们的产品，接受我们的产品，而是让他充分感受到我的善意。

很多人都说真诚在销售过程中就是最大的套路，也是最好用的套路，但是真诚有真假之分。在我的眼里，被别人发现的真诚才是真的真诚。你可以通过话术让客户第一时间知道你是真诚的，这就是顶级的销售思维和普通的销售思维最大的区别。所有行业的销售人员都一样，你要考虑客户背后的东西，让客户感受到你的善意。

要想达到成交目标就要敢于拍桌子

很多销售人员都会认为客户是"上帝"，怎么敢和客户拍桌子呢？如果你想把客户当成朋友，让你们之间的关系不是客户和销售人员的关系，而是朋友的关系，你就会发现，你平时和客户的沟通方式都是错的。为什么是错的？很多销售人员都认为客户就是客户，要对他毕恭毕敬，要尊重他，按他说的话来做。你越这样做，他就越会认为这是你应该做的，这是销售人员的责任。

你可以想象一下平常和朋友的相处模式是什么样的，是不是经常打打闹闹？我经常对我的投资人说，如果想把生意做好，就需要有拍桌子的精神。什么叫拍桌子的精神？你有意见你就提，我有意见我就提，最终的目的是把事做好，谁吃点亏谁占点便宜都无所谓。

你和朋友约好下午 3 点在商场门口见面，结果到了 4 点半你的朋友对你说来不了了。这时，你会直接冲他发脾气，对吧？但是第二天，你们依然会和好如初，这就是朋友。关系越亲密，越无所顾忌。你可以试想一下平时是怎么与客户交流的？"张总，您一路走来辛苦了。""张总，今天没有接到您，实在抱歉。""张总，我理解，您非常忙。""张总，实在对不起，今天没有时间给您回电话。""张总，您晚上早点休息。"你有没有想过这些说法都太客气了？

很多销售人员在刚进入客户的办公室时，都会过度地吹捧，"张总，您的办公室在我见过的所有客户的办公室里是最大的。"这种情况特别多，但是经常会拍到"马蹄子"上，很多时候都是这样的。我曾经陪一个销售人员去见客户，这个客户非常严肃，属于猫头鹰型客户。当时，我们去客户的办公室时，这个销售人员说："张总，我觉得您的办公室太气派了，这是我见过的所有客户的办公室里最气派的。"这时，客户就冷冷地看着他说："然后呢？"那个销售人员哑口无言，我最终给他打圆场。

销售说服力

你不要一开始就过度赞美，因为赞美会显得过于正式，朋友之间可能是互相开玩笑的。比如，你又胖了，你又黑了，这件衣服怎么这么丑。当然，你不一定要按照这个尺度做，但是一定要找到这个感觉。

在通常情况下，我去客户的办公室时会假装气喘吁吁的，假装这一路上非常辛苦。我进入客户的办公室时会对客户说："张总，有水吗？赶紧给我倒杯水，您这个地方太难找了，累死我了。"我这样一说就拉近了和客户的距离。你可能认为客户会觉得我是一个不懂礼貌、情商很低、特别随意的人。不会。客户也是人，在面对销售人员时，也希望有一种不一样的感觉，并不总是希望客客气气的，谁都会累。

大部分销售人员都会对客户说："张总，您好，我是×××，请问您有没有需要？"你如果换一种思路，就会给客户一种清新脱俗的感觉，就会给客户带来差异化和特殊化。差异化，就是核心竞争力。有一次，客户对我说最近准备再看看其他的机构，因为之前被骗过。当时，销售人员承诺的服务完全没有兑现，所以现在他对谁都不太信任。客户说了这番话后，普通的销售人员可能会说："张总，别介意，吃一堑长一智。您放心，我一定会为您好好服务。"这种说法没有任何作用，我是怎么说的呢？我说："张总，能这么做事吗？这人能睡得着觉吗？我帮您维权。我就不信了,最烦这种人,我在这个行业里做了这么多年,对这种人非常反感,就因为这些'老鼠屎'搞得我们的名声都不好了,我恨死他们了。"当我说完这些话后,换来的不是客户赞许的目光,也不是客户尊重的目光或者瞧不起的目光,而是客户对我卸下防备。

我和客户相约见面,客户晚到了十几分钟,我不会说:"张总,您一路舟车劳顿,辛苦了。"我会说:"嘿!张总,我以为您放我'鸽子'了呢,腿都蹲麻了,都站不起来了,快扶我一把。"这样才能真正跳出销售人员与客户的关系。

熟知行业内所有客户的心路历程并替客户表达

很多客户不会把苦衷说出来,而会把过去在这个行业中受到的欺骗和委屈都转化成对抗你的理由。客户一般不愿意在你这样一个陌生人的面前把所有的心路历程和心里话都说出来。你也不要奢求他这么做,但是可以帮他把他的想法表达出来。比如,我是做教育培训的,在面对客户时,客户即使不对我说什么,我也会对客户说:"张总,我做了这么多年,不瞒您说,客户跟我通电话 5 分钟,我基本上就能知道客户能不能和我合作,以及客户的心里是怎么想的、顾虑是什么。大部分客户对我都是防备的,但是他们防备的不是眼前的我,因为我并没有做错什么。他们防备的是过去曾经欺骗过他们的销售人员。他们和其他类似的公司合

销售说服力

作过，花了很多钱，做了很长时间的培训，结果公司的业绩不但没有提升反而下降了，毫无效果。我相信您的情况可能也是这样的。"

我在说出客户的顾虑。你可能会觉得万一说错了怎么办？其实不论对错，这种说法都有用。如果我说对了，那么在客户的心中我是一个善解人意的人，而且我说的话都是从他的角度出发的。如果我说错了，那么客户会告诉我他真实的顾虑。不管他说什么，我都有收获。

如果你要对一个客户说其他人是怎么想的，那么要回忆一下曾经联系过的客户都是因为哪些原因拒绝你的，都对什么有顾虑。你可以把这些原因收集起来，对客户表达，让客户觉得你很懂这个行业，知道其他客户是怎么想的。这就是一个技巧，而且相应的话术你应该也能明白是什么。你可以告诉客户，他心里想的所有问题你都明白，但是他不好意思说，你替他说出来。

用细节建立信任

我的销售调性是先打造人设后推荐产品，让个人 IP 走在产品 IP 的前面。那么到底应该如何和客户建立非常坚实的信任基础？

如果没有信任，一切都是空谈。对于客户来说，你就是一个陌生人。谁能和客户走得更近谁就能赢。你要知道，客户并不是通过观察你身上的特质就能完全相信你。信任的建立不是一蹴而就的。下面介绍如何用细节建立信任。

打破传统的销售模式

在传统的销售模式中，销售人员与客户交流更侧重于产品。大部分销售人员在面对客户时，对客户说得更多的是产品，比如围绕产品的功能、服务介绍。然而，大部分销售人员和客户是没有信任基础的，是陌生人。所以，你首先要做的事情并不是用产品吸引客户，而是在情感层面做好，然后再推荐产品。

一切细节都可以被设计

有些客户在下单之前或在下单以后都没有了解过产品的主要功能是什么。这就是为什么我说没有办法用产品留住客户或者把产品讲透。对于任何一个产品，即使一瓶洗面奶，其中的成分客户可能也不知道，甚至你也没有那么清楚。下面以保险产品为例。现在的保险条款非常多，你可能都没有弄清楚，客户怎么可能把所有的条款全部弄清楚呢？所以，当试图给客户介绍产品功能时，

○ 销售说服力

你会感觉很吃力，用这样的方式如何建立信任呢？

产品是冰冷的，而你和客户的关系会更多地掺杂情感的因素。客户不可能对产品完全了解，在很多时候购买产品不是因为对产品信任，而是因为对你信任。比如，你是保险销售人员，对公司的保险条款可能只了解90%，而客户可能对保险行业完全不了解，他能了解多少条款？经过你的介绍，他可能连20%的条款都没了解，但这时他下单了，是因为产品下单的吗？你是专业的，了解产品的一大部分，客户对产品了解一小部分，你们之间是信息高度不对称的，这意味着你们没有处于一个同频的状态。

你和客户的信息高度不对称，那么想要对称，就要换一个落脚点。我经常对客户说以下话术："张总，对于一个产品的功能，我很难一两次，甚至三四次介绍清楚，实话讲，如果您想完全了解这个产品，可能需要很长时间。可是作为消费者，您买产品的目的并不是了解这个产品的详细功能，而是解决问题。"我这时偷换概念，把了解产品的详细功能转化为解决问题（使用效果）。其实功能是功能，效果是效果，这是两码事，是要分开的。有很多销售人员就是因为没有把产品功能讲清楚，最后客户没有选择他们。

你要注意，你的落脚点不能是产品，你不能一直与客户纠结产品的哪个功能好，哪个功能不好。我与客户沟通的一个核心宗旨是侧重于产品效果，因为产品效果只是一个点，而产品功能是多个点。产品的功能非常多,每一个功能都可能让客户产生疑问,但是效果就是帮助客户解决问题。

很多销售人员的问题是,一上来就向客户介绍产品功能,完全不给客户插话的机会。销售人员介绍的应该是最终得到的效果多么好,而不是产品的功能、详细参数是什么。对详细参数的介绍应该是研发人员来做的,或者在产品说明书上写的,与销售人员一点儿关系也没有。看到这里,你在未来与客户沟通时,还能一直说产品吗?你要换一下思路。

下面举一个真实的案例。我曾经帮一个保险公司搭建业务团队,还要帮他们厘清销售思路。我当时带了一个团队,有30多人。突然有一天,他们公司的HR找到了我,说:"乔老师,我对您说一件很重要的事,想给您推荐一个人,让您帮忙带一带。他是一个小男孩,说话有点结巴,但是您可别小瞧他。在分公司时,他是销售冠军,因为业绩突出,所以被提拔到总部。领导命令我推荐给您,让您带一下。"我当然不相信他说的话,在正常的情况下,语言表达非常流利的人开单都很难,更别说一个说话结巴的人了。所以,我就抱着试一试的态度,让他和我去见客户。我观察这个人在谈单子时,虽然说话结巴,但是有以下几个特点:

第一,坦诚。他在第一次见客户时并没有过多寒暄,而是说:"张总,实在不好意思,我这个人天生口吃,治不好。所以,重要的合同条款我都已经标注好了,希望您能看到重点。"在他说完这些话之后，客户并不会嘲笑他，而且会很尊重他，因为他主动把自己的缺陷呈现在客户的面前，这要有莫大的勇气。他把重点都标注好，把重要的和不重要的分开，条理特别清晰。

第二，肢体动作非常丰富。他在说不出来话比较着急时，就用动作比画，通过肢体动作让客户看起来很轻松。对于客户来说，信任的建立不仅和听到的信息有关，而且和看到的信息有关，就像在这个案例中，说话结巴的销售人员给客户留下了非常有特色的印象。

第三，经常对客户说抱歉。当客户质疑某个条款时，一般的销售人员都会以公司代言人的身份向客户极力解释，而他不一样，他会说："对不起，给您带来不便。"销售人员介绍产品对于成交来说是一个充分条件，但不是必要条件。好的销售人员不是侧重于介绍产品，而是侧重于与客户之间的关系，在客户的面前展现自己的特质。

第四，让客户有掌控感。当客户说自己的观点时，他把笔记本打开，客户一边说，他一边记。一般来说，在客户说完后，记录的过程就结束了，但他把笔记本放到客户的面前，让客户看他记得对不对。通过这样的方式，客户获得了巨大的掌控感，就是他全程都在听客户说话，并且还要确认一下客户的意思。这是非常重要的。他总是在对客户说对不起，也是想给客户掌控感。

第 3 章 成交捷径：建立信任

其实，要想给客户掌控感，还可以使用一些话术，"张总，作为消费者，您有权了解我的一切，也有权了解产品的一切，专业上的事情和公司的事情您都有必要知道，不管我多么专业，都没有资格替您做主，也没有资格干涉您的任何决定，因为钱是您花的。"这种话不需要在特定的场合对客户说，在与客户沟通的过程中，你随时可以说出来，这是非常重要的。

信任的建立不是一蹴而就的，而是一步一步的。你不要想着一步到位，那会显得非常刻意。这是我对信任的理解。当面对客户时，你不仅要说出让客户信任的话，还要让客户看到你值得被信任。

下面再介绍一个真实的案例，也是用细节建立信任的一个案例。这是我和我的销售总监去接客户时发生的一件事情。我的销售总监是一个善于观察的人，洞察力比较强，他喜欢看客户的朋友圈。

其实对于销售人员来说，一切细节都可以被利用。我过去一直问他看朋友圈有什么用。他说客户的很多细节都是可以被利用的，从这些细节中能找到一些成交线索，我觉得很有道理。

有一次，我们开车去接一个客户，在回来的路上，车里放着歌，一开始放的是舒缓的歌，直到第五首突然就放《向天再借五

○ 销售说服力

百年》。可能很多人都听过这首歌,我当时很诧异,觉得这首歌和前面几首完全不是一个风格的。当这首歌的前奏响起来时,客户对我的总监说:"想不到你这么年轻,还喜欢听这首歌呢。"然后,他们就打开了话匣子,聊了一路。

虽然听起来很自然,但是放这首歌是有意设计的。我后来问我的总监是怎么知道客户喜欢听这首歌的。他说在朋友圈经常看到客户转发这首歌,就能充分证明客户非常喜欢这首歌。这时,我还没有觉得总监很厉害,因为他总看客户的朋友圈发现这个细节并不难。于是,我又问为什么第五首歌才是《向天再借五百年》,而不让它单曲循环呢?他说:"如果刚上车就放这首歌,客户就会觉得很刻意,所以要自然而然地放出来,才能给客户惊喜。"我问他如果都到公司了还没有放到这首歌怎么办呢?他说每一首歌的时间都在 3 分到 3 分 50 秒,他已经算好了时间,从机场到公司需要二十五六分钟,在半路上一定会出现这首歌。

你可以通过无数细节给客户留下深刻的印象,和客户建立信任,但重要的是要用心设计。

用故事引导客户说出潜在的需求

你是卖家,客户是买家。作为销售人员,你在客户的面前是

第 3 章　成交捷径：建立信任

天然处于弱势的。客户是占有主动权的一方，你可能会比较被动，是被选择的一方。客户可能会觉得销售人员说的都是假的。你可以设想一下，你出去买东西时，是不是会觉得销售人员说什么都是假的、说什么都值得怀疑？反正我是这样的，因为我要花钱了，对花钱这件事是非常谨慎的。

如果你与客户的关系是这种，就会出现以下两种情况。第一种情况是，客户作为消费者，不想说出自己的需求和问题。第二种情况是，你在介绍产品及其特点时客户不愿意听，也不相信。从某种意义上来说，这就形成了你们之间的障碍，障碍一旦形成，客户的戒备心就会出现了。

你可以先用故事消除客户的戒备心。我觉得讲故事的最大作用是，引导客户说出潜在的需求。比如，我是销售理财产品的。客户要买理财产品，会告诉我想多赚一些钱，而且还想保证资金安全。请问这时他的需求是显性的还是隐性的？需求分为显性需求和隐性需求。非常明显这是他的显性需求。显性需求是什么？显性需求是做这件事想达到的效果。隐性需求是为什么这么做。那么这个客户的隐性需求是什么呢？比如，是因为现在资金比较紧张，他想买其他东西，但是钱不够，他想让资金变得更多，这就是隐性需求。

下面举一个真实的例子，我之前在一家银行做理财顾问。有一天，来了一个大姐，她非常有钱，是做大生意的，有几亿元存在我们银行。她的脾气特别不好，没人敢接待她。她当时希望把自己的钱取出来80%，投资到国外。我们当然不希望她把钱取出去，这对我们来说是巨大的损失。把钱取出一部分投资到国外明显是她的显性需求，但是没有人敢去挖掘她的隐性需求。我先做了自我介绍，然后问她打算移民吗？她白了我一眼，反问我国外有什么好。紧接着，我又问是不是她的孩子将来有一天要到国外定居。她说她的儿子觉得沈阳最好。随后，我说："那不对啊，我接触了很多做大生意的客户，他们都不会把钱转到国外，因为风险比较大。我有一个客户是给国内某手机壳代工的，当时很有钱，就把一些钱转移到国外买理财产品了，我怎么拦都拦不住。后来该手机的销量下降了，他的收益非常差，就想把国外的那部分钱拿回来，但没想到的是，由于一些手续方面的问题，钱拿不回来了，具体什么原因我不太清楚。"当我说完这件事时，这个大姐平静了很多。她说主要担心人民币贬值，她的儿子30多岁了啥也不干，天天就指着这点钱活着，坐吃山空，万一将来钱贬值了，他就没法生活了。这时，她的防备心其实已经没有那么重了，隐性需求已经浮出水面了。我向她介绍了国内的理财环境。第二天，她转过来4000万元，我们成交了。

　　从上面的案例中可以知道，你要讲别人的故事，让客户产生共情，从而让他思考自己的处境，说出自己真实的隐性需求。在做销售时,销售痕迹不重,只讲故事不卖东西,可以降低客户拒绝你的概率,这就是讲故事的好处。在讲这种故事,让客户消除戒备心时,要注意以下三点:

第一,一定要与客户互动,让客户参与。比如,我问她把钱转到国外是不是要移民,或者是不是她的孩子将来要到国外定居。讲故事的一个基本原则就是,与客户有关,让客户喜欢,这样才能起到更好的带动作用。她说要把钱转走,我不能一上来就直接给她讲一个故事,那样太突兀了,我要先和她互动,让她参与。

第二,在感同身受的基础之上,给客户规划预期的场景。你可以告诉客户如果和你合作,效果会有多么好,如果不和你合作,效果会有多么差。你必须把好与坏对比。在一般情况下,告诉客户坏的效果是要给客户制造紧张感、恐慌感,但是不能过度。好的效果和坏的效果是符合一定的比例的。坏的效果通常是好的效果的四倍或五倍,不要超出这个比例,超出这个比例很容易产生恐吓营销,就会很糟糕。

第三,一定要有你的影子。当初客户要做这件事时,我极力劝阻,但是没有想到的是客户不听我的。为什么要有"我"的影子?在这个故事中,一定要体现我的价值。当时,客户把钱投资到国外,我怎么拦都拦不住。后来该手机的销量下降,他的资产急剧缩水,想把钱拿回来时已经拿不回来了。我扮演了一个阻拦者的角色。现在，如果他也不听我的话，最终的结果可能也会和那个客户类似。我想让他知道我在阻拦他，让他更快地做出决定。这就是讲故事，让客户消除戒备心的最佳方式。你应该能发现信任的建立真的不是一蹴而就的，而是一项工程。这项工程中的每一个环节，都需要精心设计。

突破信任四关

销售的目的是希望说服客户做出购买决定。成交是说服的一种表现形式。说服是让客户听我的，我想让他不要和别的公司合作，他就能不合作，我想让他和我合作，他就能放下芥蒂和我合作。

我认为说服的过程，其实就像一个玩闯关游戏的过程，不是一蹴而就的。不管你的能力多么强，每一关都不可以跳过，因为只要有一关没过去，有一个思路不对，有一个细节做不好，就会影响最终的说服效果。

下面介绍一下信任四关。第一关叫客户不想听，第二关叫客户听不懂，第三关叫客户不认同，第四关叫客户有"拖延症"。

突破开局：客户不想听

说服的前提是客户愿意听你说话，这并不是指只要你在说客户就一定在听。很多销售人员长篇大论，说了很多与产品、公司有关的内容，这与客户有关吗？与客户没有关系，他凭什么听下去呢？客户不想听的原因有以下五个：信任度不够、时机不对、情绪不好、授权不足、内容不当。

1. 信任度不够

对于这个原因，我准备了一个解决方案，叫信任背书。你要知道一个底层逻辑，就是你和客户在刚开始时是陌生的，陌生人之间很难快速建立信任，而且客户一定会对你设防。要想让你们的关系快速升温，除了前面介绍的用细节建立信任，还有很多种方法，比如信任背书。

你需要找到一个中间人。比如，我想认识一个客户，但是客户不认识我。我可以找到一个中间人向这个客户介绍一下我是一个什么样的人，先建立信任基础。当客户和我的关系是陌生的关系时，我可以这样对他说："张总，您有没有听说过××公司？他们公司之前就使用我们的产品，和你们公司是同一类公司。"这时，我把中间人变成了和我合作的其他公司。你要仔细地想一想这个核心思路。

又如，我对一个客户说："张总前两天还给我送礼了呢，说我给他交付的很多东西他都特别喜欢，他很信任我。""我是×总介绍的。"这都是与客户拉近距离的核心思路。

所谓信任背书，就是让中间人或者中间某件事，成为你与客户之间的一座桥梁。一旦这座桥梁形成后，你与客户的关系就不是陌生的关系了。我会经常把客户感谢我的聊天记录截图发给现在的客户，或者发朋友圈。

当所有的销售人员都向客户承诺或者保证时，你突然告诉他这件事没那么顺利。这时，你会发现在客户的心目中你与别的销售人员是不一样的，这会无形中拉近与客户之间的距离，也可以让客户信任你。这是非常好用的一种方式。

比如，我现在有 1000 万元，需要投资，有 10 个投资机构的销售人员找到我，向我保证和他们合作资金没有问题。正当我打算投资时，突然出现了一个销售人员，他对我这样说："乔总，投资有风险，入市需谨慎，哪有完全没有风险的投资？我这个人别的优点没有，但是有一个优点就是自认为做事很靠谱。我认为没把握做的事绝对不会向您承诺。我没有办法说您爱听的话，如果您想花钱听漂亮话，我确实无能为力，但如果您想让我把事做好，我一定会做好，会对您负责。"请问这时我会更相信谁？

第3章 成交捷径：建立信任

你在客户的面前一味地展现自己的优势，并不能让客户信任你，也不能解决信任度不够的问题。我在2022年出差比较多。我爱好书法，找到几个教书法的学校，对销售人员说我只有7天的时间，而且很忙，问他们能不能让我的书法水平在7天内提高到一个较高的水平。这几家学校的销售人员都说他们的书法老师很权威，所以7天没有问题。当我准备把钱交给其中一家时，突然有个其他机构的小女孩这样对我说："乔先生，我说7天能让您练到什么程度，您敢信吗？这些书法大师都是经过千锤百炼才把书法练好的，您怎么可能那么容易就练好？那是不可能的，我只能保证您能达到什么样的基础，但没有办法保证能达到您预期的效果。如果您想要保证，就选择别人吧，我确实不敢说这种话，但如果您想一点一点地把书法练好，愿意多付出一些时间，我们肯定能帮您。"让客户相信你的点非常多。

2. 时机不对

从字面意思上理解，时机不对就是你在给客户打电话时，可能没有掌握好时间，正赶上客户比较忙。在遇到这样的情况时，销售人员通常会觉得这是客户主观意愿上的拒绝，或者主观意愿上的对抗，但是我认为，在很多时候都是因为我们没有掌握好沟通的节奏，也没有掌握好沟通的时机。除了客户就是想和你对抗，想排斥你，当时有事不愿意与你沟通的情况也是比较多的。

销售说服力

下面介绍一下我自己的心得，我在和客户通电话时，说："张总，您方便吗？我今天有一件比较重要的事情需要对您说一下。"客户说："没事，你说"。在客户说完后，我从电话的听筒里听出客户所处的环境比较嘈杂。这时，我不会继续说下去，会打断他，说："张总，我听到您那边的声音比较多，可能您不好意思拒绝我，因为我对您说的这件事是比较重要的，所以我们后续再另外约时间详细沟通。"

普通的销售人员在遇到这种情况时，一定会继续说下去，但我会打断他，另外约时间沟通，因为我想定沟通的调性，什么叫沟通的调性？沟通中最忌讳的事情是什么？你给客户打电话，说完以后发现客户没有认真听。这是比较常见的情况，但是如果你提前设计好，或者提前定好调性，就会让客户认为这件事情非常重要。客户就会把这件事记在心里，当你再有机会给客户打电话时，客户一定会比上次更加认真地听。比如，我对客户说要对他说一件事，客户问什么事。然后，我对他说："算了吧，还是不说了，说完之后怕您不高兴。"这时，客户一定会继续追问。刚才我使用的方式，与这个说话说一半的方式其实有异曲同工之妙。

对于时机不对，我准备了一个解决方案，即顺势而为+好奇时刻+有约在先。这是一个公式。对于公式中的这三项，你也可以分开使用。

（1）顺势而为。什么时候才算与客户沟通的良机？比如，我们平常给人送礼，人家收礼物的概率比较小，但是如果逢年过节时送礼，那么他收礼物的概率就比较大。在正常的情况下，你都是在白天与客户通话。在白天，客户一般都有工作，当你给他推荐产品时，他虽然在听，但未必真的认真听。你沟通的目的是让客户了解你们的产品，至少在3分钟的表述里，他能听进去2分半，这就叫高效沟通。如果白天客户心不在焉，你对他说半天都没有用，说了也白说。

对于销售人员来说，你一定要抓住好的时机，要顺势而为，在与客户前期沟通的阶段，本来留给你的时间就没有那么长，说白了客户不会给你很长的时间一直聊。所以，你要把握每一次沟通的机会，让每一次沟通的效率都最高。

在通常情况下，如果我想与客户沟通一些比较重要的问题，那么一定会约到晚上八九点客户准备睡觉时。怎么约呢？我会对客户说："张总，您今天晚上有时间吗？我有一件非常重要的事情要与您沟通一下，一两句话说不清楚，白天我的工作量比较大，我相信您也非常忙，所以咱们约到晚上，等我忙完以后，把这件事整理一下好好与您沟通。您到时候保持电话畅通，我给您打电话。"我会用这样的方式与客户约定今天晚上要沟通一下某件事情,之所以约到晚上,是想让他完全接收我的信息。你要注意客户接收信息的环境。一个人在菜市场买菜或者在商场里逛街,你对他说话时,他能接收多少信息?如果我晚上与客户沟通,客户可能在沙发上躺着,处于非常放松的状态,在他极度放松、接收信息的环境非常安静的情况下,他接收信息的质量会非常高。我把这叫顺势而为。

(2)好奇时刻。当没有办法,也没有机会向客户表达一个非常长的观点时,你就把观点压缩成一个大大的"为什么",等于给客户抛出一个诱饵。我经常讲这样一个案例,我向客户介绍产品,客户不爱听,但我告诉他和我合作后营业额能够达到现在的120%~150%,就足以引起客户的兴趣。客户会想知道怎么达到,凭什么能帮他做到这么高的营业额。

你把所有想对客户表达的内容压缩成一个结果,而这个结果足够引起客户的好奇,这就叫压缩成一个大大的"为什么"。最短的一篇科幻小说只有 25 个字,"地球上最后一个人独自坐在房间里,这时,突然响起了敲门声。"这 25 个字足够引起人们的好奇。

我经常对别人说,如果没有实力为客户推荐产品,就把使用产品能达到的结果压缩成一个大大的"为什么",让客户主动问凭什么能帮他达到这样的结果。这时，我就已经成功一半了。如果我今天在电梯里只有30秒说服投资人，那么可以直接说结果，把结果压缩成一个大大的"为什么"。比如，我们有信心把市值在短期之内做到2亿元，所以希望您能投资我们。我把结果抛出来之后，就会引起投资人的好奇，他就会提问。

我经常对客户说："张总，我其实比较忙。我知道您也非常忙。所以，闲言少叙，之所以对您说这件事重要，是因为昨天晚上经过我们整个团队的推算，如果你们公司的业务部门采纳了我们的培训建议，那么在第二个季度时，业绩应该会提高60%，这是没有任何问题的，其他的事我就不对您多说了，回头单独和您约时间详细说一下这60%是怎么测算出来的。"在挂断这个电话后，客户的状态绝不会是不痛不痒，他一定会深入思考这件事情。当他把这件事当回事以后，我再给他打电话，成功率就会高得多。

（3）有约在先。顾名思义，有约在先就是要先约定一个时间。我相信很多销售人员都会对客户说："张总，请问您什么时候有时间呀？"这是一个开放性的问题，客户可以选择今天，也可以选择明天或者任意的时间。你需要给他两个选项，比如是明天上午有时间，还是明天下午有时间。不管是上午还是下午，都在明天。

3. 情绪不好

对于这个原因，我提供的解决方案是认可动机，拉回理性。你每天都会面对很多客户，没办法了解他们的情绪为什么变化。如果客户出现了不好的情绪，你就会发现他听不进任何人的建议。这时，你不要一味地围绕情绪与他沟通，一定要把他拉回理性思考中。

我经常会对客户说："张总，我与您沟通了这么长时间，其实一直在介绍我们的产品，不清楚您公司去年的业绩情况，今年打算同比增长多少？我们要根据实际情况计算一下。"当客户的情绪不太好时，我会把这类计算问题尽快地抛给他。这样，他才会瞬间平静下来。在客户的情绪不好时，你要有一句口头禅，"张总，您有没有算过一笔账？""张总，这笔账到底是怎么算的？""张总，这笔账到现在为止我还没有想清楚，麻烦您帮我算一下。""张总，对于您公司的业绩情况，我们一定要具体化、数字化，通过计算的方式尽可能地呈现出来。"当我提出这个问题时，客户就会沿着我的提问去思考，从而缓解不好的情绪。

4. 授权不足

对于授权不足，我提供一个解决方案，叫有偿建议。首先，客户没有义务听你说，更没有义务按照你说的去做。你如果主动

第 3 章　成交捷径：建立信任

地给客户提供建议，那么会给客户一种好为人师的感觉，从而激发客户对你的敌意。你在对客户说话之前，要想办法确认他真的愿意听你说话，这样沟通的效率才会高。如果客户没有给你报酬，那么你说的话客户可能不会认真听，所以你一定要让客户产生获得有偿建议的感觉。

什么叫有偿建议？有偿建议就是他听你说话时要付出一些代价。请巴菲特吃一顿饭要花很多钱，而且普通人还请不到。如果我能请巴菲特吃一顿饭，那么在吃这顿饭时，巴菲特说的所有话，我都会一个字一个字地记下来。这才能够证明，这顿饭吃得非常值。同样的道理，你想让客户也付费听你说话，该怎么办？哪怕请你吃饭或者给你个小礼物，你给他一些专业的建议，这都叫有偿建议。当你对客户说话时，客户哪怕给一个肯定的眼神、一个主动的邀约，都是一种付出。在正常的情况下，这个概率当然很小，但实际上当使用一些话术时，你就会发现，让客户愿意听你说话并没有那么难。

应该如何做有偿建议？我给大家支两招。第一招叫找人铺垫你的身份。比如，我们公司的一个员工叫张三，他在与客户沟通时，突然发现客户不愿意听他说话，于是就找我帮他铺垫一下。我会这样对客户说："张总，张三老师是比较专业、比较权威的，特别厉害，在业内享有盛名。想和他通电话的客户很多，您的情况我已经知道了,您需要很多专业的建议。我帮您预约一下和张三老师通电话,您把问题提前想好,如果我能预约上,那么等他给您打电话时,您就好好地向他咨询。这种人可不好约,在正常情况下您要支付费用。今天我来帮您约,但是我不能确定他到底什么时候给您打电话。"这是我的一个铺垫话术,当张三再次和客户通电话时,客户就会非常认真地听。

你需要让客户觉得你这个人"非常值钱"。我在和客户通电话或者与客户沟通时,突然发现客户不能跟着我的节奏走,那么说明他不爱听我说话,这时我就需要借助别人铺垫我如何厉害。其实这样做的目的只是让客户尽可能认真地听我说话,而且效率极高,不像正常情况下说了 1 小时,客户都不为所动,不是因为我说的内容有问题,而是因为客户认为我的身份不重要。你要注意,在找人铺垫你的身份时,一定不能欺骗客户,否则可能得到不好的结果。

第二招叫"你有病我有药"。这招也有一个小公式,即发现问题+表示关心+不给建议。我发现了你的问题,很担心你,但是不能给你建议。我经常非常严肃地对客户说:"张董事长,今天对您说的是我多年的专业经验。我是做企业咨询的,这么多年见过很多公司,也包括'世界 500 强'公司,各个行业、各个公司的情况我大概都了解。你们公司的销售团队的凝聚力不够,团队协作

第3章 成交捷径：建立信任

能力也不强，只靠单兵作战，团队是不健康的。这种单兵作战能力强的人，完成了公司80%的业绩，另外的大多数人才完成20%的业绩，这是有很大问题的。如果长此以往，当业务能力非常强的那些人离开时，你们公司岌岌可危。如果您不及时调整，我相信公司未来的发展将会受到一些限制。您可以多调整，有什么问题可以来咨询我，如果您不想调整，就要稳住你们公司那些业务能力非常强的销售人员。"

我发现了他们公司的问题，有些人的业务能力非常强，但是其他人的能力不行。我表示关心，对他说如果业务能力非常强的那些人离开，公司就会出现问题，让他多调整，但是不给怎么调整的建议。这时，客户就会积极地问我一些问题。我接下来给客户提供建议的时候，客户就会非常认真地听。

你一定要注意，在对客户说话时，如果希望客户真的愿意听你说话，就不能平铺直叙地说能给他提供什么东西、能给他带来什么收获。只有吊住他的胃口，才能够更好地说服他。

前几天，我去碧桂园买房子。刚一进门时，我问销售人员房子多少钱、都有什么户型。他就像没听到我说话一样，问了我一个问题："您了解过碧桂园这个品牌吗？"我对他说听说过。他问我具体了解这个品牌多少呢。然后，我说了解得不太多。他又问我住在哪个小区、环境大概是什么样的。等我说完后，他就说：

"您现在住的小区出入不方便，物业不太好，小区的环境也不太好。您要知道，小区住户的素质和环境对孩子的影响非常大，要不为什么孟母三迁呢？"这个销售人员不是先说他们的优点，而是先找到我现在的问题和缺点，然后引导到产品的优点来满足我。这种方式可以让客户的需求和痛点得到解决。

你在不清楚客户的痛点时，不能直接解决他所谓的痛点，解决模糊性问题是大忌。不给建议达到一个什么样的度最好呢？客户不问你不说，就这么简单。

5. 内容不当

什么叫内容不当？当满怀信心，对客户说话时，你突然发现，说的内容与客户没有关系，这时客户会认真听吗？真正好的销售人员对客户说的内容一定是与客户有关的，这样才能让客户感同身受。下面提供一个解决方案叫客户获利。我们的所作所为通常都是在当下最有利于自己的选择。我们的选择，并不会受外界因素影响，通常都是为了自己的利益而选择。

对于销售人员来说，我们说的话其实是说服类的内容。很多人会认为说服就是让客户听他们的话，按照他们说的方式去做。这本身就是错误的，因为客户并不关心你需要什么，而是只想知道，自己需要通过什么样的方式，做什么样的决定对自己最有利。

你只需要帮助客户做出一个对他有利的决定而已。

你在对客户说任何话之前，都要想到一个出发点。这个出发点一定不能与你的利益相关，而要与客户的利益相关。比如，我说："张总，我观察到您的公司目前处于相对平稳的状态，3月、4月、5月的营业额相差不到10万元，但是以现在公司的人员储备、业务团队可以把营业额提升20%以上，甚至能到30%。我昨天和我们团队的一些老师做了专业的分析，讨论了您应该怎么做才能把现在趋于平稳的营业额提升比较大的幅度。这就是我给您打电话的目的。"这个目的完全是从客户的利益出发解决他的问题，或者是为他的利益着想。

突破跟踪关：客户听不懂

1. 提前教育

对于认知不同，其实有一个很简单的解决方案，就是提前教育。我觉得有一个问题特别有意思，是怎么能够让一个英国人听得懂中文。这个问题在"奇葩说"和"快乐大本营"里都出现过，看似很简单，但实际上没有那么简单。按照字面意思来处理，最好的解决方案，就是让这个英国人学习中文。我觉得这也是最直接、最有效的一个方案。

在你和客户的认知不同，或者信息不对称的情况下，你必须提前教育客户，就是要提前对客户说这个行业的现状是什么样的。很多销售人员会有疑问，客户不知道行业现状吗？为什么要对他说？因为你的身份与客户不一样，不管客户有多么大的成就、多么高的社会地位，但是对于你来说，他都是外行。同行看门道，外行看热闹。当你从专业的角度对客户说这个行业的现状时，客户就会明白是怎么回事了。

那么具体要说哪些方面呢？我经常对客户说："实际上，培训市场没有您想象得那么简单。您看到的内容，其实都是这些所谓的机构和公司故意让您看到的。他们不想让您看到的那些内容就需要我来告诉您。从价格上来说，我们的产品价格是1万元。可以这么说，在质量相同的情况下，其他公司的产品价格一般比我们的价格高。如果他们的价格低于1万元，您就要设防了，要注意他们的质量可能有一些问题。"我告诉他在这个行业中，我们的价格和质量是最合适的。如果别人的价格高了，那么是因为他们得到了更高的利润，如果价格低了就可能有问题。我也防止客户未来找到一个同行对比价格。这就是提前教育。

为什么要说价格？因为价格往往最可能成为成交障碍。比如，我经常对客户说："我们公司在这个行业里深耕了很多年，积累了很多老客户，希望能够长期经营，但是有些公司希望踩在风口上过来分一杯羹，导致乱象丛生。"我要对客户说清楚行业现状，让他谨慎选择。

提前教育是指在将来有可能成为成交障碍的这些方面进行教育。

2. 简化认知

简化认知是什么意思？你不要过多地对客户说专业术语，这很重要。有一次，我买手机，售货员为了显示自己专业，对我说这款手机使用的是A14仿生芯片，采用了××工序制作，用的是××屏幕。你知道什么叫A14仿生芯片吗？可能不知道。消费者是一个外行。作为销售人员，你在说这些话时，要考虑客户接收这个信息时是真的懂了，还是左耳朵进右耳朵出。你在与客户沟通时，要想保证沟通的质量，就要让客户在第一时间能够准确地接收你的信息。这样，你才能够提高沟通效率，节省时间成本。

有很多汽车销售人员会介绍某款车使用了 V6 双涡轮增压发动机、矩阵式大灯、××底盘、发动机的参数等。我曾经在给学员上线下课时，问过他们涡轮增压到底是什么意思，结果鸦雀无声。这说明了一个巨大的问题，对于销售人员来说，你要让客户需要了解的东西简单明了，需要具体化、明确化。比如，512GB到底能存多少首歌，2800万像素的手机到底能拍得多清晰！客户需要知道的是最终的结果和效果，而不是技术是什么，这是非常重要的一个细节。

你在对客户说这种专业术语时，目的不是显示自己专业，而是让客户听懂。你和客户之间是信息不对称的，也叫认知不同。你说专业术语，只是在强化你们的认知不同，这是极其错误的行为。

3. 结构化表达

对于结构化表达，你可以看一些结构思考力方面的书。结构化表达能够让人易于记忆。举个简单的例子，我有个手下叫小高。我对他说："小高，你去超市帮我买点东西，要两个茄子、两个黄瓜，再买西红柿、香蕉、苹果、油、猪肉、筷子、碗，还要买一个玩具汽车、一瓶饮料、一瓶啤酒、一袋大米、一个火龙果……"我说完以后，小高能记住几个呢？为什么基本上记不住？这不是他记忆的问题，而是我表达的问题。

那怎么表达才能让对方更好地吸收呢？非常简单的思路是分类，对方记起来就会非常容易。比如，我说："小高，你去超市帮我买点东西，水果类的要香蕉、火龙果、苹果，蔬菜类的要茄子、黄瓜、西红柿，然后粮油类的买××，炊具类的买××，玩具类的买××，酒水类的买××。"

有很多销售人员在客户的面前语无伦次，说话没有逻辑性，虽然说了很多，但是只让客户摘取到了其中几个关键点，浪费了沟通的机会。你在对客户说话时，一定要注意逻辑和结构。首先要对他说什么，其次要对他说什么，最后希望他怎样。比如，"张总，首先，我要跟您学习一下，想听一听您对这个市场的看法。其次，我希望您能给我大概介绍一下公司目前处在一个什么阶段，出现了哪些问题。最后，我给您介绍一下我们公司的一个产品，看看能否与您公司的需求匹配。这是我今天来想主要表达的，当然希望您能够和我们合作。"你用这种方法与客户沟通，就会让客户感觉非常清楚。

突破心理关：客户不认同

很多客户其实愿意听你说话，也能听明白你的意思，但就是坚持自己的观点，不论你怎么说，他们都不为所动，甚至不管你说什么，他们都能找到一个反驳你的理由。这种情况非常多，我见到过的80%以上的客户都有这样的问题。下面举一个例子，凯里·欧文是我特别喜欢的一个篮球明星。有一次，记者问他地球是圆的还是方的。他说地球是平的，因为他走在街道上，走在草原上，走在乡间小路上，走在农场里，看到的地球是平的，所以地球就是平的。他说出这个观点后，很多民众也都认为地球是平的。是什么原因导致了这样的一个情况？从心理学的角度来说，这些人存在认知偏差。

存在认知偏差的人，一旦认定某一个结论，就会下意识地寻找相关的证据来证明自己的结论是对的，而且在这个过程中，他会忽略能证明结论错误的证据。认知偏差是很多人都有的。比如，某个女孩觉得男朋友不爱她了，这时不会先找爱她的证据，而是会先找不爱她的证据来证明她的观点是对的，如不回信息、冲她发脾气、不给她买包等，而且类似的证据会越来越多，最终两个人就会分手。

要想解决认知偏差这个问题，有两个解决方案。第一个解决方案叫提问引导。在提问引导中有一个概念，叫聚焦效应。聚焦效应就是通过提问，让你的大脑只思考提出的问题。比如，我突然问你今天晚上吃的是什么。在我没有问你之前，你可能不会思考这个问题，但是我问了你之后，你就会思考，今天晚上吃的是牛排、蔬菜，还吃了水果，喝了牛奶，这是你自己的思考。我引导你只思考某一个问题。当思考我提出的问题时，你就不会考虑其他问题。你可以使用这种方法让客户非常关注你做的事情，而且他会非常愿意跟着你的引导走。你可以通过聚焦效应改变客户思考的内容，最终引导他得出一个新的结论，让他自己说服自己。

第 3 章 成交捷径：建立信任

人在做判断时有两种机制，即科学家机制和律师机制。科学家机制是先找证据再下结论，是有思考逻辑的，而律师机制，是先有结论再找证据。如果刚才的那个女孩来找你抱怨她的男朋友不爱她，你该如何安慰她呢？这时，错误的方式是对她说："你的男朋友很不错，怎么惹你了？"当你这么说时，这个女孩就会说："哪里不错了？抠门，不懂得浪漫，又不陪我，哪哪都是错。"你越这么问，就越会激发她找不爱她的证据。于是，她就会找各种各样的证据来证明他不爱她，你这么引导就是错误的。反之，你可以说："我觉得你的男朋友这么做确实挺差劲，但是我好奇的是，你当时为什么会喜欢他？为什么跟他在一起？"当你问她为什么跟他在一起时，会激发她思考为什么喜欢他，她这时找出来的证据是他对她好的证据。当她找到对她好的证据时，她的心情会慢慢地平静下来。这就是让她的判断机制从律师机制转变成科学家机制，也叫聚焦效应。

回到销售案例中，客户说你们的某个产品的某个功能有问题。这时，如果你问他哪里有问题，就相当于帮助他搜寻哪里不好的证据，引导他证明他的想法是正确的。他就会不断地挖掘你们的产品哪里不好。他找到的问题就会越来越多，这个单子基本上就谈不成了，这是你引导的问题。我会这样对客户说："张总，作为消费者，您肯定有自己的要求和标准，这没有任何问题，但我们沟通了 5 个月，这就充分证明您对我们的产品非常感兴趣。如果您从一开始就不感兴趣，那么我们不可能沟通5个月，可能两天就不联系了。所以，我好奇的是，我们的产品有哪些功能吸引了您？"这时，我引导客户把问题聚焦到这个产品到底哪里好上。只要他找到了一个这样的证据，这个单子就好谈了。

无论客户问我什么问题，我都可以引导他，引导的方向是我想要的方向。比如，客户说，别人的产品价格低，你们的产品价格高。这时，很多销售人员都会对客户说："我们的产品质量好，值这个价钱"。这时，他们在加深客户对价格比较高的认识，客户会搜寻大量的证据来证明自己认为的是正确的。如果你换一种方式去引导就不一样了。我会这样说："张总，如果我们的产品价格真的高出您的预期很多，那么您可能压根就不会搭理我，所以我们的价格肯定是您能接受的，只是在产品质量上您还不满意，觉得产品质量和价格不匹配，对吗？您觉得我们的产品的哪一部分的质量是比别人好的，哪一部分是不好的？"你可以从价格引导到产品质量上，也可以引导到其他方面，其实非常简单。

第二个解决方案叫故事隐喻。你要经常给客户讲故事，但是在给客户讲故事时，一定要注意故事里细节要多，悬念要大。

你在与客户沟通时，一定要把细节描述得非常清楚。比如，这样对客户说："我的一个客户刚开始和我交流时比您还要愤怒，说我是骗子，当时我也很生气，很少有人这么说我。我说如果你认为我是骗子，你就找其他公司，但凡能找到一家公司的价格比我们的低，质量比我们的好，你就回来找我，即使你不买我们的产品，我也赔你钱。我很生气，当时客户也很生气，我们就打赌了。客户用半个月对比同行，最终得出了一个结论，就是我们的产品无论是质量还是价格都非常棒。"这个故事其实比较简单，没有那么多复杂的点，但是我把细节都呈现出来了。细节越多，证明你的故事越真实，代入感就越强。

故事里还要有悬念。比如，你不告诉他这件事最后怎么样，吊他的胃口。说话说一半，让客户产生好奇之后就好沟通了。

突破终局：客户有"拖延症"

有"拖延症"的意思就是不着急。客户总是不着急，总想货比三家，其实他没有特别大的把握能对比得很清楚，但依然想要对比，想证明自己是一个成熟的消费者。客户在买东西时，说再去别家看看，其实可能并不排斥你们的产品，也没有不满意，目的可能是压低价格。对于客户有"拖延症"这个问题，你可以使用设置截止时间+未来不断变差+放入敌人来解决。你可以同时利用这三项，也可以只利用一两项。

1. 设置截止时间

大部分销售人员可能都会说："张总，您再不报名，我们的活动就要截止了。"我认为对于这种说法，其实客户是不会相信的。如果你这样对客户说，客户反而会觉得那就算了，无所谓，即使买不到你们的产品，也可以买别人的产品，基本上还会和你对抗。

我会这样对客户说："张总，我们的产品功能自然不用多说，您肯定是能够接受的，但是到现在为止，您一直没有做出购买决定，说明您肯定还有顾虑。今天，您能把顾虑告诉我最好，如果不能告诉我，我也没有办法，也不能强求您。但是，如果您今天不能下单，或者最近这几天不能下单，未来我恐怕没有办法为您服务了，因为一个销售人员能服务的客户数量是有限的。我们前期沟通了很长时间，我最了解您的需求，所以我为您服务肯定是最好的，但是如果您最近没有下单，以后下单了就只能由售后服务部门为您服务，他们只是做一个机械化的工作。您肯定不希望得到这样的结果，我也希望能为您提供更多的服务。我觉得您这个人还不错，我们是有机会继续交流的。"同样是设置一个截止时间，我会用我自己的优势促使客户更快地做出购买决定。

2. 未来不断变差

其实有很多客户之所以没有着急做出购买决定，是因为他们认为现在的决定一定是对的。这是大部分客户真实的想法。如果这时没有一个人告诉他们现在的判断和选择有潜在的风险，那么他们可能永远都安于现状。

我会对客户说："张总，如果您不和我合作，那么您的情况可能会越来越差。那时，如果您再想挽救，可能就晚了，会付出大量的成本，甚至是现在很多倍的成本。有些事情早晚都要做，如果今天不做，未来再做未必比今天做省钱。张总，我不能说我比别人好，但是至少会对您负责。我会让您的情况变得越来越好，这是我的职责和职业素养。"我要让客户意识到这件事确实早晚都要做。

3. 放入敌人

放入什么敌人？放入客户的对手。一个东西如果没有人争抢，就安安稳稳地放在那里，可能就不值钱了。对于你来说，客户就只是一个客户而已。你在客户的面前表现得能力非常强，客户对你比较感兴趣，觉得能掌控你，这时如果再出现另外一个同样对你感兴趣的客户，或另外两个同样对你感兴趣的客户，那么会怎么样呢？这时就存在竞争，只要存在竞争，就会出现巨大的转机。

销售说服力

构建感性信任

对于一线销售人员来说，不可或缺的能力就是建立信任的能力。你和客户之间的关系是买卖关系。你应该记住一句话，无信任无产品，无信任无成交。成交的过程就是建立信任的过程，就是与客户沟通和博弈的过程。判断一个销售人员是否厉害的标准，就是看这个销售人员在与客户沟通的过程中，是聊产品更多还是经营信任更多。如果一个销售人员在和客户聊天的过程中，聊产品的时间占比是70%或80%，那么这个销售人员的水平不太高，如果经营信任的时间占比非常高，聊产品的时间占比只是20%或30%，他就是一个可造之才。你可以思考一下你是怎么与客户沟通的。

信任是怎么产生的？你和某个人在一起的时间足够长，你们之间就互相信任吗？如果你和客户联系了一年，但是没有任何有效的沟通，基本上都停留在表面沟通，你们之间的信任能达到什么程度？这件事不言而喻，你没有办法走进客户的内心，没有办法知道客户的真实想法。

我认为我们和客户的关系实际上是有时效性的。当和客户的"蜜月期"过去以后，你会发现重新建立信任会非常艰难，这就是时效到了，说白了就是你们之间的关系过期了。这时，这个客户就流失了。所以，你最需要做的不是花大量的时间与客户建立信任关系，而是在关系的有效期内，以最快的速度通过自己的设计，让信任快速建立，而不是用时间去积累。

很多成交都来自冲动。人们会通过理性去判断、分析、思考、计算，但做决定的那一刻可能是冲动的。为什么客户昨天答应你今天签合同，今天就"人间蒸发"了？是因为他做决定时是冲动的。从心理学的角度来说，冲动的背后是多变，所以下面介绍锚定信任的基础。

搭建一个安全的沟通环境

你和客户刚开始的关系是陌生的关系。这时，要想建立信任，你觉得聊什么最重要？很多人认为聊产品最重要，但是我认为，产品这时不能过多出现。在这个阶段，你最应该做的是给客户搭建一个安全的沟通环境，让客户愿意和你继续沟通，让客户愿意对你说一些在正常情况下不应该对别人说的想法，这也叫线索，在未来你与客户沟通的过程中可能都会利用。

那么如何搭建这个安全的沟通环境就成了一个非常重要的课题。下面提供五个解决方案，可以让客户觉得你这个人不错，值得信任。这时，你就已经成功一半了。

1. 进行角色互换

如果你想知道客户是怎么想的，那么首先要知道你作为消费者时是怎么想的。当作为消费者时，你面对销售人员的态度是什么样的？销售人员说什么话会让你很舒服？说什么话会让你不高兴？你都需要先思考一下。

"自古买卖两条心"，你和客户之间有一条鸿沟，这条鸿沟就是你的利益。客户会认为销售人员为了赚他的钱，为了赚提成，对他好都是应该的。这样的想法当然是错的。

你要经常给客户灌输一种思想，即你们的产品价格的确不是最低的。为什么要这么做？首先，你展现出来的是坦诚。很多普通销售人员在说产品价格时非常敏感。当客户质疑价格时，他们下意识的反应是，价格明明很合理，为什么说价格贵？然后，他们会对客户说，理解客户说他们的产品价格贵，但是他们的产品值这个价钱。他们所说的话都是从公司的角度出发，对眼前的客户解释。这时，解释就是对抗。当客户质疑时，你先要做的一件事情不是站在公司的立场上去解释，而是从一个客观的角度，站在客户和公司中间。这样，他就会认为你说的话相对值得信任。

我在与客户沟通时，不管他有没有和我谈论价格，我都会对他说：" 张总，我们的价格的确不是最低的，但也绝对不是最高的。我不希望您选择这个市场中价格最低的产品，因为骗子不需要成本。我也不希望您选择这个市场中价格最高的产品，因为高出来的价格是产品溢价、品牌溢价。我只希望您能明白适合自己的才是最好的。我们的当务之急，不是讨论价格这个问题，而是花钱要解决什么问题。我作为给您解决问题的人，要先知道您的需求是什么。如果不清楚需求，反复沟通价格没有任何意义。我们现在先沟通一下我们的产品是不是适合您的。" 如果你是客户，听到这样的话后会有什么感受？我首先会觉得这个销售人员非常实在，他没有偏向公司，只是在阐述一个客观事实，我会觉得他说得对。

你首先要做的不是对客户说你们的产品多么好，价格多么优惠。现在客户经常会听到这种话，这种话听多了以后他就不相信了，为什么？因为没有一个销售人员会说自己的产品不好，所以你不用去说价格、产品好不好，要阐述一个客观事实，他就会对你有不一样的看法。

2. 要对客户表明一个态度，就是你们的产品不是最完美的

我先介绍一下这样说的底层逻辑。我很反对销售人员一直对客户说产品特别棒，是最好的，因为这种话是废话。没有一个

销售人员会说自己的产品不好，顶多不说自己的产品很好。对于客户来说，你对他说你们的产品好，他会相信几分？我不会相信。

下面举一个非常重要的案例。我在做销售总监时，曾经有一个下属。当时，他的业务能力在公司中算比较强的，但是他有个大毛病，就是每次在与客户沟通的过程中，都会不断地炫耀我们的产品多么好、有哪些差异化，说的话有 70%是介绍我们的产品。当时，这叫塑造产品价值，我不觉得这个思路有问题，但是后来发现了一个问题，客户是一个有正常思维逻辑的人，当他不断地向客户介绍产品时，客户只能处于一个理性的状态，分析产品的功能、参数、性价比，未来能达到什么效果，这时很难做出冲动的购买决定。后来，这个销售人员的能力和业绩都止步不前，可能没有那么差，但不算优秀，或者不算卓越。他没有办法突破这个瓶颈，就是因为走错了方向。

你不应该向客户更多地阐述产品多么好，这件事情不需要你来做。你要让客户相信你说的话，这时你们的产品才会变得很好，这是很简单的逻辑。

你对客户说你们的产品很好，如果他不相信你，那么你说的所有话都是废话，但如果他相信你，那么即使你们的产品不是最好的，他也可以接受。

第 3 章 成交捷径：建立信任

在与客户沟通两三次后，我会对客户说："张总，我先对您说一下，我们的产品在这个市场中不是最好的，但也一定不是最差的。因为生意不好做，所以很多公司都在打价格战，把成本压得非常低，但是您会发现没有那么多有差异化的产品，产品都差不多，而且产品价格的透明度太高了。这件事我不说您也清楚，您向几家公司打听一下就知道了。我没有必要打马虎眼。既然产品都差不多，我们拼的就是服务。张总，作为一个消费者，您选择一个完美的产品固然重要，但更重要的是能选择一个真正为您解决问题的人，真正为您跑前跑后的人。您今天做这个决定 5 分钟就够了，但未来长期的服务是由销售人员主导的。难道我这个人在您的面前一点儿价值都没有吗？不至于吧。所以，张总，我将是我们合作的最重要的一个因素。您判断产品，不如判断我更准确，因为产品都差不多，您心里有数。"

我在承认了产品差不多的同时，打造了负责任的人设。刚才客户还在纠结产品的问题，我把客户的关注点从产品转移到对人的评判上，这是建立信任最快速的方式。产品不会让客户产生信任，产品是死的，人才是活的。你们的产品不是最完美的。对于这件事情，你不要等客户说，要主动地告诉客户。如果客户先说你们的产品不好，那么你说的每一句话都叫解释。如果你主动地告诉他你们的产品不是最好的，他就会看到你的真诚，而真诚是一线销售人员最应该具备的品质。

101

3. 永远不会胡乱承诺

很多销售人员觉得向客户承诺得越多,越能得到客户的信任,但事实是这样吗?现在的消费者已经不像5年前或者10年前那么容易被说服了,现在的信息非常透明。对于销售人员的套路和话术,他们会有自己的判断,会有自己的衡量标准。所以,当你向客户承诺或者保证时,我相信你换来的未必是客户对你更加信任,反而是对你更加防备。因为你说这种话,就意味着你不实在。他会认为你为了达到目的不择手段,这时你在他的心目中的人设就彻底崩塌了。

与其向客户胡乱承诺,不如反向操作,即不会向客户胡乱承诺。

这个话术的基础逻辑是什么?比如,我在与客户沟通的过程中谈到一些结果性的话题时,会坦诚地对客户说:"张总,我永远不会向您胡乱承诺,这不是因为我对我们的产品没有信心,而是不想把话说满。我更想看到的不是您的期待,而是您心满意足。"我对客户说这个话术是想证明我有底线,打造了一种人设,即做事很稳重,从来不会夸大其词。这时,客户对我会有全新的认识。

下面举一个案例。我有一次想做投资,这个消息不知道是谁泄露了，先后有 10 个业务员给我打电话。前 9 个业务员都对我说保证我的本金安全，保证我的收益很高等。第 10 个业务员却这样说："乔先生，首先，投资有风险，入市需谨慎。大家都是成年人，天底下没有百分之百保证的事，说白了我没有办法向您承诺，也不敢承诺。我们的能力其实只能让这件事情成功的概率变大，这就是我们存在的价值，我没有胆子向您承诺，承诺之后我会睡不着觉。"我最后选择了谁不言而喻。我会更加相信那个没有向我承诺的人，因为他给了我一份真诚，给了我一份踏实。这是一线销售人员必须知道的核心逻辑。

我与客户沟通了一段时间，到了成交的关键阶段，客户对我们的产品有一些兴趣，但是一直犹豫，有些纠结。这时，我要做的不是用产品说服他，而是用我的人设说服他。我会这样对客户说："张总，我们聊了这么长时间，我不知道您有没有发现我这个人与其他的销售人员有一个巨大的区别，就是从来不催您做任何决定。作为销售人员，我当然希望您最后能够选择我们的产品，但是我觉得，大家都是成年人，您应该有自己的判断。这个市场与原来不一样了，现在这个市场的透明度太高了，价格和产品什么样找几家公司一打听就都知道了。我在这个行业里做了很长时间，什么人都见过，什么事都遇到过。哪怕今天您和我聊得火热，明天和别人合作，我觉得也很正常，这是您的权利。我觉得您到现在都还没有做出购买决定，应该是因为现在跟您联系的销售人员可能不止我一个人，甚至有很多销售人员一直向您承诺百分之百怎样，保证怎样。这些漂亮话我也能说，但说完之后我睡不着觉，我从来不相信这个世界上有百分之百保证的事情。如果有一天，有人告诉我百分之百保证某件事怎样，明明是真事我也会认为是假的，也会防备。我自己都不相信还向您承诺就是欺骗。我习惯给别人 80%的预期，争取做到 100%的结果，我觉得这叫负责。所以，张总，如果您想花钱听漂亮话，那么我确实无能为力，但如果您想把事做好，那么未来我做您看，您踏踏实实地看结果。我没有办法向您承诺，但一定会对您负责。"你听到这样的话会有什么感受？当听到这番话时，客户一般会和我合作，因为我足够真诚，这是一方面，另一方面，在整个话术中，我呈现出来的最重要的是一个靠谱的人设。

上面介绍的三个解决方案用不一样的方式打造了人设。在客户的面前你打造的所有人设，都将成为未来客户对你评价的一个标准。没有这个标准，没有提供这些人设，他就没有办法对你进行评价。你可以试想一下要想相信一个人，是不是要评价这个人是什么样的人？凭你的猜想评价吗？绝对不是，你要先知道这个人在某一天做了什么事情，说了什么话，然后评价这个人怎么样。要先有事情，或者相应的表达，你才能够对这个人做出评价。这些是你评价他怎么样的参照物。作为一线销售人员，如果你想让客户接受你,想让客户信任你,就要在客户的潜意识中先打造一个靠谱的人设。

永远不会胡乱承诺这种话术,不用一次性全部对客户说,你可以灵活使用,分着说。比如,我对客户说:"张总,我从来都不会向任何人承诺一件事情,并不是因为我没有胆量,胡说八道谁不会呢?但是我要掂量一下自己有几斤几两。您今天选择我,实际上是交付了我一份信任。对于我来说,您相信我,我就应该加倍给您回馈。我要先想一想,有没有这个本事还给您这份信任,不能对您的信任置之不理。"我在无形中给客户植入了这样的观念。只有这样,客户在评价我怎么样时,才有依据,才有标准。你不能直接就说:"张总,您信任我吧,我需要您给我一份信任,求您相信我吧。"信任不是求来的,也不是用时间堆积起来的。

简单来说,让客户感受到你的善意,让客户认为你说的所有话都是值得相信的,这比使用任何技巧都有用。你一定要牢记先做人,后做事这个道理。当你把这种人设立住之后,客户就维护住了。

4. 永远不会试图说服客户

在与客户沟通的过程中,我们往往会试图用学到的所谓的技巧去说服客户做出购买决定，这是一线销售人员惯用的做法，或者惯性的思维，但是这样的方式真的对吗？强买强卖永远登不上大雅之堂。

好的合作关系是双向认可，绝不是单方面的自我良好。 我经常对客户说："我永远不会试图说服您，并不是因为我没有这个能力，而是因为我觉得好的合作一定来自互相了解之后的信任和坦诚，即使我觉得好，但您不觉得好，也没有意义，所以我们现在做的最重要的一件事情是毫无保留地说出自己的想法，这样才能建立长期、良好的合作。"在我说出这种话后，客户会对我另眼相看。

很多销售人员认为在客户的面前表现得完美一些，对客户好一些，客户最后就能选择他们。我认为，这是服务过程的一个部分，可能会对服务效果有一定的加持作用，但绝对不能在成交的过程中起决定性的作用。销售是什么？销售最重要的核心是让客户理解你的想法，对你有清晰的认识，对你有准确的判断，对你有深刻的印象，对你有详细的了解。让客户了解你，等于成功一半了，甚至成功一大半了。

5. 没有那么着急让客户做购买决定

这也是相反的逻辑。首先，一线销售人员一般都希望客户尽快付钱。很多一线销售人员都说狼性。在我看来，狼性就是张着血盆大口等着客户做出购买决定，然后将其一口吞掉，处于非常急切的状态。这就导致很多销售人员一直在催客户做购买决定。很多销售人员认为并没有催客户，其实在很多时候可能意识不到在催客户。你可以试想一下有没有遇到过下面的情况。在刚开始时与客户沟通得很不错，但是越往后聊，客户越不爱搭理你，越不爱回复你的消息，甚至无视你的存在。为什么会出现这样的情况？你可能会认为客户质量不行，客户资源很差。其实并不是，这是你的问题，与客户没有关系，你太用力了，太追求结果了，逼着客户离开你。

你可以思考一下平时是怎么跟进客户的，是不是说："张总，产品资料我给您发过去了，您看了吗？有什么问题吗？""关于产品，您还有什么顾虑吗？""张总，关于合作，您考虑得怎么样了？""我们的产品您还考虑购买吗？""张总，我们的产品这两天有非常大的优惠力度，名额没剩几个了。"我相信大多数销售人员都说过这种话。很多销售人员也认为这样说没有问题，甚至公司领导也不认为这种思路是错的。但凡学习过消费者心理学，你就会发现刚才的每一句话都是有问题的，使用的是利己思维。

> 销售说服力

每一句话都是从你的利益出发的，都以最终的成交结果为导向。你就像在要债，人家欠你的吗？不欠你的。虽然你不觉得有问题，但是客户会认为，你的言外之意就是抓紧时间和你合作，尽快给你交钱。

我对很多销售人员说过，好的合作关系绝对不是这样的。你这样一直催问，他一定不会理你。你越催客户，客户就会离你越远。你可以使用相反的逻辑，告诉客户在你这里永远踏踏实实地选择，永远不要慌张，就这么简单。我经常这样对客户说："张总，我们聊了这么长时间，您有没有发现，我从来不催您做任何决定。作为销售人员，我也想赚这份钱，但是我觉得，您是成年人，我说得再好听也不如您亲眼所见，也不如您亲身体会，选择权在您的手里，我没有资格干涉您做决定，而且我觉得您的选择一定是客观的，经过理性分析的。作为消费者，您应该了解我的一切，也应该了解我们公司的一切，这是您的权利。我作为帮您解决问题的人，也应该了解您的所有需求，了解您在未来需要解决的问题。当我们彼此了解得足够清楚时，合作才不会有问题。合作是一件长期的事情，您踏踏实实地选择，我等着您。"你如果学习过消费者心理学，就会发现消费者心里想的都差不多。我介绍的这个话术是我用很长时间实践打磨出来的，效果非常好。

只要客户知道你是哪家公司的，并且愿意和你保持联系，就说明大概率能成交，如果没有成交，那么你不要在你们的产品上找原因，要在自己的身上找原因，是因为你没有取得客户的信任。使用以上五个解决方案可以达到的效果是让客户觉得你非常稳重，愿意和你聊得更多，可能以前只和你聊10句，现在通过你展现的人设可以和你聊100句。你要知道，让客户说得越多就离成交越近。

找到"相同的××"

下面先介绍一个底层逻辑，很少有人喜欢与那些和自己完全不一样的人相处，人们通常都喜欢与自己类似的人相处，所以很多人都说，不能同流哪能交流，不能交流哪能交心，不能交心哪能交易。很多人也说有相同的经历、相同的习惯、相同的事情等就好交流。这些话没有问题，但是如果你仔细思考，就会发现并没有想象中那么简单。比如，客户发了朋友圈，去了某个旅游景区，你对他说你也去过那个景区，你们有相同的经历。客户喜欢周杰伦的歌曲，你也特别喜欢周杰伦的歌曲，你对他说你们有相同的爱好。你仔细思考一下，如果你想和客户建立信任，那么可能会发现对他说这些相同的××显得很刻意。当客户说喜欢听某首歌时，你马上告诉客户你也喜欢听那首歌，即使你真的喜欢听，客户也会认为你在迎合他，这时相同的爱好有什么用呢？

我一直在思考一个问题，究竟怎么做才能够与客户建立我想要的那种关系？怎么样才能够不显得那么刻意？对于一线销售人员来说，你期待和客户的关系是什么样的？有90%的人都会说朋友关系，这是一线销售人员都梦寐以求的关系，但是如果你刻意地找那种与客户相同的经历，能和客户建立朋友关系吗？我个人觉得这是恭维的关系。在恭维的关系中，身份是有高低之分的，什么人会去恭维对方？只有有求于对方的那个人才会去恭维。比如，你会恭维你的领导，那你听说过哪个领导会去恭维下属吗？

给你和客户的关系定好调性

你要想和客户成为朋友，要做的最重要的一件事情就是不要把他当成客户，要试图忘掉买卖关系。当和客户聊天时，如果你觉得客户想买就买，不想买就不买，就会发现对他说每一句话时都无欲无求。没有了利益，你们之间的关系就会变得非常牢固，这个关系就是朋友关系。

你要去除利益，去除买卖关系，和客户成为朋友。你要潜移默化地把买卖关系转化成朋友关系。以前你迎合客户说你也喜欢听这首歌，也去过这个地方，也喜欢看这本书，现在可以换一种思路，不去迎合他，给你们的关系定一个调性。在和客户谈生意时，你们的关系是买卖关系，但是如果和客户谈生意之外的东西，你们最好可以用朋友的身份交流。你和客户聊产品时聊的是生意，但聊生活时聊的就是朋友的情谊。

客户只要知道你是哪个公司的，只要知道你是一个销售人员，就知道你的意图一定是让他买这个产品。你不用过分强调这件事情。只要他需要这个产品，就早晚都会买，只是什么时候买而已。

假如你是一个女孩，怎么判断一个男孩值不值得托付终身？你不要看这个男孩对你好不好，这是可以装出来的。他对你好与你在客户的面前恭维客户是一个道理。你要看他对身边的朋友好不好，对生活中那些弱势群体好不好，这才能看出一个人的品质。

我在和客户聊天时，聊得更多的是我对朋友怎么样。我经常会先问客户几个问题，"张总，您这么忙，与朋友在一起相处的时间不是特别多吧？您的朋友有没有怪过您呢？我的很多朋友之前特别愿意和我在一起待着，有大事小事都愿意和我商量，小到夫妻吵架，大到孩子上学的事情，可是现在因为我非常忙，所以他们很长时间都不和我商量了。我觉得特别难受，因为从小到大一起玩了这么长时间,这个关系突然就断了,但是现在没有办法。真的,您会不会遇到这样的困扰?"

我表达了我对朋友的态度,给我和客户的关系定了一个调性,就是我们的关系已经不是生意关系了。如果我们的关系是生意关系,我会对他说我对朋友如何吗?不会。我定好这样的调性,他自然就会进入我给他设置的语境中,朋友就是这么来的,这样的思路真的非常重要。

你也可以说一下你对待弱势群体怎么样。大多数销售人员见客户迟到后会对客户说:"对不起,张总,我迟到了。"如果那天下雨,我就会这么说:"张总,是这样的,今天早上我来见您,我对这件事非常重视,所以很早就出发了。在正常情况下,我到您这里估计要等您1个小时。在来这里的路上,我看见一个老太太在马路旁边卖蛋糕。马上就要下大雨了,她没有任何避雨措施,我就把她的所有蛋糕都买下来了,放在后备厢里,所以就迟到了,实在不好意思。"我不会直接对客户说我对弱势群体很好,乐于助人,而是通过故事说出来。我对不认识的人都能这样,对他会怎么样还用说吗?

你和客户最好的关系一定是朋友关系。在这样的关系中,你们的观点和看法是一样的。我先表达我对朋友的观点,对弱势群体的观点，再让客户表达他的观点，按照这样的顺序。不管你是面对领导，还是面对客户，向上请教永远不会错。我经常会问客户忙的时候是怎么兼顾家庭和事业的。

下面举一个例子，我有一次在厦门谈生意，客户告诉我他每天早晨 6 点钟上班。我问他几点睡觉。他说晚上 12 点睡觉，每天睡 4 个小时。他的公司的年销售额大概是 2 亿元，在我的客户里不算比较大的。在他说完每天睡 4 个小时后，在正常情况下，很多人会说："您真勤奋，怪不得生意做得这么成功。"你能把这个话题延展吗？你不论怎么说都是在迎合他，吹捧他，而且是言过其实地吹捧，那怎么让这个话题延展，并且定好我们是朋友的调性？我对他说："我现在也很忙，每天能睡六七个小时，也早出晚归。我的爱人一直和我闹情绪，我不知道该怎么办。我也知道她需要陪伴，很愧疚，但确实没有办法，不知道怎么取舍。张总，您是怎么兼顾家庭和事业的？我真的很纳闷，这是一门学问，您这一路走来真不容易。"然后，他就和我聊了三四十分钟。这与我和客户聊产品，完全不在一个层次上，因为我已经把我们的关系在潜移默化中定好了。你一定要熟悉这个方法，一定要不断地运用到实践中。你会发现，沟通原来是一件很容易的事情。

销售说服力

给客户讲一个兑现承诺的故事

你在向外展现时,客户是否接受你无所谓,但是你要先展现,在无形中给客户留下固化的印象,让他对你产生深入的认识。

对于客户来说,即使他面对的销售人员在购买过程中起不到特别大的作用,和他的关系只是买卖关系,但是在选择销售人员时,会不会也希望这个销售人员是一个信守承诺的人?很多客户为什么难以相信销售人员?真的是因为有很多销售人员为了赚钱,不计后果,过度承诺,在客户交钱后,承诺都没有兑现。所以,很多客户不信任销售人员。当认为你可能有点骗人时,客户会选择购买你们的产品吗?一定不会。所以,你一定要尽早在客户的面前展现兑现承诺的人设。

没有人会拒绝兑现承诺的人,也没有人会接受那些说话不算数的人。所以,怎么兑现承诺、怎么展现兑现承诺这个特质是非常重要的。

很多事情都可以设计出来,这是非常重要的一点。首先,我介绍一个小方法,就是一定要给客户讲一个你兑现承诺的故事。故事情节不一定要跌宕起伏,精彩纷呈,但是要能够体现出你是

第 3 章　成交捷径：建立信任

什么样的人，这就是讲故事的意义。

我经常对客户讲这样一个故事：很多年前，我去北京打工之前，我的父母希望我当一个公务员，但是我拒绝了，连夜坐火车去了北京。我觉得人在一生中如果没有出来闯一闯，做一些自己想做的事情，生活就没有意义。我当年只拿了三十几元钱，到了北京火车站之后就一分钱也没有了。我举目无亲，在火车站睡了一个星期。在这个星期中，发生了一件非常感人的事。我每天都干嚼方便面。有一天，有一个保洁阿姨走过来，给我一个暖壶盖，对我说："小伙子，你把方便面揉碎，然后放在暖壶盖里，再倒上热水，可能会好吃一点儿。"这个阿姨一头白发，看起来非常面善。我问她哪里有热水，她说帮我打一点儿热水拿过来。这让我感到非常温暖。在离开火车站，租房子之前，我对那个阿姨说将来有一天如果我真的能成事，就一定会回来报答她。这件事情可能那个阿姨已经忘了，但我永远不会忘。现在已经过了七八年，我逢年过节都会给她送上一份祝福，发几百元红包或者送一些烟酒等，这是我的一份心意，因为我说到做到。

这个故事的背后是我信守承诺，说话算数。对那么小的一件事情我能记这么多年，如果今天你给我一份信任，难道我不能尽力回报你吗？你要知道，最能够打动人的是故事而不是道理。如果你对客户讲道理，就是说教。

销售说服力

我每次讲这个故事都非常流利，这显然不是我瞎编的。我和客户吃饭闲聊时，只要有机会，我就会给客户讲这个故事，而客户在听到这个故事的第一时间都很感动，会端起酒杯说咱们喝一杯。

你还可以刻意地设计一个信守承诺的故事。比如，我和客户约好今天下午 3 点通电话，到 2 点 55 分时，我会先给客户发一条消息，告诉他我把其他的事情都推掉了，已经准备好了，3 点可以准时通话。如果我和这个客户约了三四次通电话，每一次都用这样的方式，久而久之，给客户的印象就是我守时、说话算话，这是刻意设计出来的一个故事，很简单。

又如，我和客户约好了见面，就可以对客户说："我已经准备好接您了，您准时下飞机吗？"或"您准时下车吗？"你可以举一反三，我认为这都是比较容易做的。

有一次，我和客户在他的办公室里聊起书籍这个话题了，看到客户的办公室里有余华写的书，就问他看过《活着》吗？他说看过。然后，我说在他的办公室里没有这本书。他说孩子前段时间看这本书了，现在找不着了。我马上就说过几天送他一本，我的书比较多。这时，客户没当回事。我马上岔开话题和他聊其他的事，让客户有一点儿印象就可以了。聊其他事的目的是弱化客户对这件事的记忆。过了一星期左右，我把这本书送给客户，然后再说一句答应他的一定做到。他可能都已经把这件事忘掉了。他对这件事的记忆越浅，对他的冲击就越大。这类事是完全可以设计出来的。

很多销售人员会经常对客户说哪天给他发资料，哪天约他吃饭等，在说这些话时可能都是下意识的，都没有想过这件事，这件事就过去了。可是，这件事的背后有一个非常严重的问题，就是他们说话不算数。久而久之，他们的言而无信的形象就产生了。信任就是在这些细节中产生的，没有这些细节就没有整体，没有点就没有线，没有线就没有面。你最终要做的是让客户在无形中对你产生信任。这些细节就是对信任的建设。

经营自己的品德信任

你可能对经营品德信任这个说法有点陌生，但是对品德肯定不陌生。每个人都有自己的品德。在上小学时，我们就上过一门叫"思想品德"的课程。

与主动向客户表述你的品德相比，别人对你有比较好的评价

销售说服力

才能让你更容易被客户信任。所以，你要让客户知道别人是怎么评价你的，这非常重要。

在刚开始时，客户对你的评价是模糊的，不会一味地相信你好，也不会一味地相信你坏，一般不会出现这两种极端情况。他会认为你有可能是好人，也有可能是坏人。

我不会主动地向客户表述我的优势。我希望让别人的评价被眼前的客户看到。可以有以下几种做法。

1. 让客户看到公司领导是如何评价我的

这对眼前的客户有什么用吗？真的有特别大的作用。我在公司里处于什么地位，对眼前的客户来说真的非常重要。客户都希望花同样的钱找到一个更厉害的、更专业的销售人员提供服务，而不是找一个一问三不知的"小白"。我经常对客户这样说："张总，我们公司的领导一直说我是出卖公司的人，因为我每次给客户报价时，都不会给客户留任何砍价的空间。这是我为人处事的原则，我觉得这是我的优点，但是很多人认为这是一个缺点。我一直认为，我真诚地对待别人，别人也会真诚地对待我，人与人之间的沟通本来就应该这样。张总，我没有必要给您报一个高价留些砍价的空间，然后再走那些烦琐的流程，这件事情简单沟通几次就完成了。所以，我每次给客户报价时，公司领导都说我傻，您觉得我傻吗？"我们公司的领导认为我的习惯是不好的，但是有一个反转，客户听到领导对我这么评价时，会认为这个习惯是好的，因为我实在。这就是为什么我一直在说，公司和客户永远站在对立面，公司领导认为的缺点，在客户的眼里就变成了优点。

我使用了一个技巧，就是通过别人对我的描述，呈现出我对客户的表述。这个技巧使用起来没有那么简单，但是你在使用时会发现，你给客户定一个什么样的沟通调性，你们之间的关系就应该是什么样的。如果你想让客户相信你，就不能跳出信任的层面和他聊一些与信任无关的东西。你最应该做的是让客户形成这种信任理念。比如，我在与客户沟通两三次时，会这样对客户说："销售不仅是把产品卖出去，还要提供服务。对于我来说，把产品卖出去没有那么重要，最重要的事情是您能得到什么样的服务。我不想在这个行业里走得快，只想走得远。走得远的前提是我能够考虑到您应该考虑的问题。张总，您觉得呢？"我不会直接在客户的面前强调信任的重要性，但是会通过这样的描述把这个观点渗入客户的潜意识中。他慢慢地就会觉得，在合作的过程中，不一定只有产品很重要，也不一定只有价格很重要，信任也很重要。只有通过这些细节的渗透，才能够给客户留下这种印象。

2. 让客户看到我的客户是如何评价我的

很多人说这不就是在朋友圈晒成交截图、客户反馈吗？没错，但是要看你怎么晒。你不能把客户给你发的感谢的话直接截图发出来。在朋友圈中，你一定要用一个故事的形式呈现。比如，客户今天给我发了一段感谢我的话，或者觉得我们的产品非常好的话。我想把它发在朋友圈，就不能只发这一张图片，要讲这样一个故事。我在两年前就认识这个客户了，但刚开始时他不相信我。无论我说什么话他都不相信，后来经历了××事情，现在他相信我，得到了一个××结果。我觉得所有的合作都应该建立在信任的基础之上。

我用这样的方式把这张图片发出去，给其他客户的冲击是非常大的。一定要有故事，而且故事情节一定要跌宕起伏。客户从原来不相信我到现在相信我，再到得到了一个好的结果。这样，故事就完整了。

3. 让客户看到我的朋友是如何评价我的

对于这个方法，你可以使用，也可以不使用。我简单地介绍一下，建议你能够使用，这也可以打造人设。我经常对客户说："我在朋友的面前，永远是办事最踏实的人。大事小情他们都会和我商量，您知道为什么吗？因为我把他们的事都当成自己的事来办。如果您给我一份信任，那么我一定全力为您服务。我觉得好的合作就是互相成就、互相成全，绝对不是单方面地付出，也不是一个人高高在上。"

建立领导力

你可以从以下几个方面让客户感受到你的领导力。

1. 你在公司的地位如何

很多人对这点特别不理解，认为自己作为普通的销售人员，在公司的地位与客户有什么关系？其实关系很大，如果你在公司里是一个可有可无的"小白"，谁都不搭理你，那么客户会选择和你共事吗？我相信很难，因为你没有话语权。所以，你一定要让客户知道你在公司是有一定地位的。我会通过一些事情告诉客户这一点。比如，我告诉客户公司的项目这两天要做一次非常大的升级，我要参会，签字，否则他们没法推进。我用这种方式给客户植入了我在公司是有地位的印象。你一定不要忽略这样的细节。所有的细节，都将成为未来客户对你评价的标准和参照。没有这些细节，他就没有办法对你这个人做出评价。

2. 你们公司的技术人员都很配合你

对于这一点要分行业使用。比如，我有一个 to B 公司的学员，他们公司不仅给其他公司做零部件，还要按照对方的需求更改。如果他对客户说他们公司的技术人员都不听他的话，那么客户会愿意或者敢和他合作吗？客户一定不敢，万一产品出现问题，他们公司的技术人员又不听他的，怎么办？所以，在客户问问题之前，他都会给客户传递一个观点，就是他们公司的技术人员都很配合他，因为只有他卖得多，他们才能赚得多，这是利益捆绑。客户有需求就是他有需求，在合同范围之内，对于客户需要的服务和要求，技术人员都会非常配合。你一定要确定技术人员真的配合你，否则没法向客户交代。

3. 公司领导会采纳你的建议，因为你在公司举足轻重

我经常对客户说："张总，昨天我刚和公司领导吵过架，因为我觉得他定的价格不合理，有点贵。我要为我的老客户负责。公司的客户是看在我的面子上合作的，又不是看在他的面子上合作的，他当然随便定价格。公司领导一看我真生气了，就向我解释，害怕我离职带走很多有意向的客户和大客户。我在公司是有地位的，所以我给领导提一些建议，他一般都会采纳。"你要让客户感受到你的权威，也要让客户感受到你举足轻重。

4. 你们公司的售后服务部门听你安排

很多客户担心的可能不是眼前的产品效果问题，而是没有售后服务。在客户没交钱之前，销售人员说得天花乱坠。在交钱以后，客户发现和销售人员当时说的完全不一样。这时，客户慌不慌呢？你要让客户感受到售后服务部门听你安排。当然，你不能忽悠客户。我经常给客户灌输一种理念，"我的业绩占整个公司的60%。其他销售人员的客户流失率特别大，他们和客户合作基本上都是'一锤子买卖'，服务做不好。在客户交钱之后，他们就把客户交给售后服务部门负责，当甩手掌柜什么也不管了。客户当时相信的是他们，而不是售后服务部门。我就不一样，老客户多，我亲自为客户服务，让售后服务部门配合。所以，我的业绩是最好的，售后服务部门最听我的。张总，您放心，和我合作不需要担心售后服务问题。"我要让客户觉得，没有不选择我的道理。

反馈与回应

在说服的过程中，有个非常重要的底层逻辑是人们通常都不喜欢不知情，意思是人们通常都希望知道事情的真相，都想知道发生了什么事情和正在发生什么事情。对于客户来说，这是安全感。让客户知道比让客户不知道，给客户带来的安全感要大得多。

所以，你要记住，要想让客户认为你这个人是安全的，要想让客户知道和你合作踏实、放心，最重要的是做一些事情让他知情，通俗来说叫回应，也就是凡事有反馈。

我经常对销售人员说，客户有时候投诉，未必是在向你要某一个问题的解决方案，可能只是要一个说法，因为他不知道发生了什么。销售人员在遇到这种情况时，要安慰客户，当把所有的事情都解释清楚时，客户可能就不生气了。

我曾经给一家证券公司做过一次为期 15 天的辅导。当时的股票行情非常差，十只股票可能有九只都亏损。他们答应过客户股票不会亏太多，但是行情谁也控制不了，就亏了。公司的客户分成两类，一类客户完全不责怪他们，另一类客户怨声载道。之所以有的客户不责怪销售人员，是因为销售人员主动给这些客户打电话，告诉他们当时的情况是什么引起的，是出乎意料的。销售人员把真相告诉了这些客户。这些客户就不会有情绪。所以，凡事要有反馈，你不要等到某件事情真正发生时或客户问你时，再对客户说，那时你说的话就是解释，你就被动了。反馈与回应这点必须做好。

怎么才能够让客户踏实？比如，客户让我回去和领导商量一下价格。我不会直接告诉客户结果，而是会告诉客户现在正在处理某个客户的事情,下午 3 点会和公司领导碰面。到 3 点时,我会告诉客户我在领导的办公室,刚和领导聊完。我会告诉客户,答应帮他办的事是怎么办的,办到哪一步了,要在第一时间及时给客户反馈。即使他不认真听,也会认为我是一个靠谱的人。这就是凡事有反馈,事事有回应,这是一线销售人员一定要注意的细节。

不知情非常可怕,我最近做了一笔投资。这笔投资是我信任的一个朋友介绍的,但是赔了很多。我是通过新闻才知道赔了的。我在投资之前,一直认为没有风险,因为我的朋友一直告诉我没有风险。在赔了以后,我非常生气,因为他没有让我提前知道,或者没有对我说清楚有风险这回事。

你一定要注意一个核心点,即你在对客户说话时要交底,要回应和反馈。比如,"张总,您打款以后,我首先去公司的财务办公室查一下账,然后把您的信息录入我们的系统,接下来……"你要把接下来要做的事情至少分成 5 步告诉客户。他就会认为你很靠谱。

又如,客户让你帮他调整产品,或者帮他把产品做一次改进,你不要等到这件事的结果出现时,告诉他是做成了还是没做成。这时,如果你告诉客户的结果不好,就不好交代了。你要把做这件事的过程告诉客户。"张总，我现在已经把这个方案提交给技术团队了。我们今天下午 1 点准备开会，在开完会之后会制定一个方案。明天下午，我们按照这个方案进行修改，大概在明天 × 点完成。"你要把每一步都告诉客户，甚至拍一张下午 1 点开会的照片发给客户。你要让客户知道要干什么。

反馈和回应给客户最大的是安全感。你知道很多客户为什么不爱和你继续聊吗？很多客户在前几次和你聊天时，聊得很少，越往后越不爱回复你的消息，甚至到最后压根就当你这个人从来没有出现过。你知道为什么吗？这是因为他没有办法预测到下一次你要和他聊什么内容，不知道就是不知情，就不愿意接你的电话，回复的概率就会变小，所以你一定要让客户清楚你接下来每一次和他联系都有什么目的。

我给客户打电话时，有一个非常好的习惯。我会对客户说："张总，今天咱们就聊到这里，我下一次给您打电话时会告诉您具体方案是什么。"我让客户清楚下一次我再给他打电话要说什么事，那么他下一次接电话的概率是大还是小呢？一定是大。因为他已经知道我下次和他联系要干什么了。我要一步一步地告诉客户，第一次和他联系干什么、第二次和他联系干什么、第三次和他联系干什么……我要让客户觉得踏实、安全，觉得我靠谱。我们要通过这样的方式把事情不断地推进。人们都希望找到一个有回应的人合作。假如我是一个客户，销售人员给我的反馈让我觉得能看透他，尽管这是他故意设计的，但是我也会有掌控感。你只要把信任搭建好了，客户就会相信你，成交就会非常容易。无信任无产品，无信任无合作，信任要永远走在产品的前面。

/ 第4章 /

掌控全局的说服力

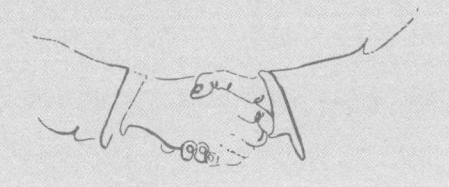

CHAPTER 04

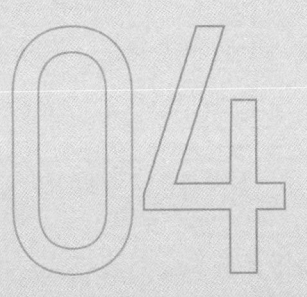

○ 销售说服力

成交中存在的最大问题

人们常说，对事不对人，以此来展现自己的客观，但是我认为这句话是有些问题的。一个人对事情的判断，不仅靠理智分析，在很大一部分程度上还依靠过去的经验。过去对某些事情的认知形成了对今天这件事情判断的依据。对于成交、合作、说服来说，其实都存在一个巨大的问题，就是依赖事情。你不要注重事，而要注重最终做决定的那个人，这才是真正的销售高手必须有的核心思路。

很多销售人员都会问客户觉得他们的产品怎么样，喜不喜欢他们的产品。他们说的所有内容都与产品相关，但是没有关注人的需求。很多销售人员都存在这样的误区，更注重物，而不注重人，会一直给客户介绍产品的优点，自说自话。

当说产品，说物时，与客户是没有关系的，你应该关注能做决定的那个人有什么需求。

情绪说服的底层逻辑

你想说服客户购买你们的产品，那么首先要了解他的所有情绪，并且利用他的情绪。

情绪说服在整个说服体系中，是最核心的，是说服的底层逻辑。如果你没有掌握这个底层逻辑，就做不到说服。无论你卖的是什么产品，这个产品多么好，都会有人接受，也都会有人拒绝。不论是接受还是拒绝，最终做决定的都不是产品本身，而是人。人的决定是整件事情能否往下推进的一个重要因素，而这个决定其实并不是通过理性判断和仔细计算做出的，而是通过情绪做出的。

我和人吵架，是情绪带动的外化表现。同样，客户的行为也是与情绪相关的，所以如果你能把客户的情绪"说服"，那么他的

销售说服力

选择就会对你有利，这就是情绪说服最重要的作用。

人们通常都不喜欢被改变

被改变可能意味着被打败，被说服也可能意味着被打败。在日常生活中，你会发现，无论你多么有理，有的人就是不接受。他可能会认为你说的很有道理，但是表面上不会接受，因为他接受了就等于被你说服了，被你打败了。很多人会说："你说的不对，我知道怎么回事，我明白。"他们总是用"我明白""我知道"来试图掩盖被说服的事实。

很多销售人员在与客户沟通时，总是对客户说自己的想法。这只是他们的想法，与客户毫无关系。很多销售人员会对客户说："您说的不对，我告诉您怎么回事。"这是风险性极高的一个表达方式。虽然你可能察觉不到，但是客户会很不开心。

那么怎么解决类似的问题？

1. 你应该 vs 我需要

"你应该"是指说教，即要求客户做什么事情，但是"我需要"不一样，"我需要"的选择权在客户的手里。虽然"我需要"，但是能不能满足"我需要"由客户决定,我没有强迫客户做任何一件事情。比如,一个女孩和一个男孩在一起已经五六年了,女孩说:"我们的同龄人都已经生孩子了,但是我们现在还没有结婚,我觉得你应该给我一个家。"你应该给我一个家,这是命令,是说教。对方表面上可能会让你感觉非常好,但他的心里很可能是不高兴的。

很多销售人员都会对客户说:"您应该相信我。""您应该购买我们的产品。""您应该选择我们的项目。""您应该和我们合作。"他们都是在说教,都是在逼迫客户做一些事情。这时,客户真正外化的表现就是往外逃。所以,你一定要把"你应该"变成"我需要"。比如,"张总,我需要您给我一份信任。""张总,如果我们想把这件事情做好,其实需要坦诚相待。""张总,如果您想处理眼下的问题,那么我需要您把所知道的一切都告诉我。""我需要"让人有选择,而"你应该"让人吵架。

2. 为什么不 vs 为什么要

"为什么不"和"为什么要"仅仅一字之差,听起来可能没有太大的差别,但是你仔细分析就会发现差别很大。为什么在与别人交流时,你总找不到节奏感,一直都没有办法带动客户?其实,是因为你的语境中存在着巨大的问题。

○ **销售说服力**

下面先介绍一下"为什么不"。比如，我的朋友经常喝酒，我问他为什么不戒酒。他会说喝酒是因为工作压力大，想放松一下，就是想让自己麻痹一下，太累了。在问"为什么不"时，你已经能够预料到最终的结果。你在引发对方的负面情绪，让事情往更坏的方向走。对方会在大脑中搜索不戒酒的理由，而且会调动全身的细胞来捍卫不戒酒的理由。如果把"为什么不"换成"为什么要"，结果会完全不一样。还以戒酒为例，我问朋友有没有想过要戒酒。对方说想过。于是，我说："为什么要戒酒呢？"他说："我喝醉酒以后容易迷失自我，容易陷入不可控制的状态，而且容易断片，会经常出丑。所以，我想过戒酒。"我问他戒酒有没有成功，他说没有成功。我问他为什么没有成功，他说是因为总有朋友聚餐。我问他觉得在朋友的面前出丑这件事情非常重要吗。他说当然重要，人设都已经崩塌了。

你有没有发现，当我问对方有没有想过要戒酒这件事情时，他一定会说想过，然后紧接着我再问他为什么想要戒酒，他就会在大脑中搜索要戒酒的理由，这等于在帮他激发戒酒的情绪。如果我问他为什么不戒酒，他就会为不戒酒找理由。

你在与客户沟通时，一定要注意类似的细节。比如，"张总，您为什么不选择我们的产品？"这时，客户一定会在大脑中搜索不选择你们的产品的理由，并且搜索到的所有内容都与你们的产品不好相关。反之，如果你问他有没有想过选择你们的产品，他就会说想过，你再问他为什么要选择你们的产品。这时，他在大脑中搜索出来的所有内容都与你们的产品好相关。然后，你再强化好这个观点。

人们通常都不喜欢不知情

我有一个航空公司的朋友，他是乘务长。他对我说过这样一件事情。当时，他从南京飞往沈阳，因为大雪的原因，所以飞机延误了。我们都知道，飞机延误是非常闹心的事情，而且根本就不知道飞机什么时候起飞。如果你在候机室里等还行，但在飞机上等就会非常烦躁。飞机本身的空间有限，而且空气也不太新鲜。很多乘客就会抱怨。乘客在飞机上等了一个多小时，飞机也没有起飞。这时，一个阿姨生气了，说："你们为什么不起飞？不起飞也行，你们让我们在下边等着，让我们提前上飞机干什么？"她这么一吵，大家就都围过来了。这时，空姐走过来，对她说："阿姨，您有什么问题吗？"这个阿姨说："不起飞就让我下去，我不在这里等着了，闷死我了，我的心脏病犯了你们负责吗？"这个空姐说："不好意思，这是航空公司的规定。"阿姨一直吵，空姐也没说别的，一直在说这是规定。这件事持续了四五分钟，乘务长过来了，对阿姨这样说："我们现在遇到了特殊天气。每一趟航班都在这里排队，等天气好转之后，我们是按照顺序往前走的。如果你们下去等飞机，等一下我们就要重新排队，可能会更晚起飞，所以希望您耐心等待。"他大概是这样说的，在说完这些话后，尽管这个阿姨仍然非常不满，但是不再愤怒了。你可以思考一下，如果只说这是规定，对方就会越来越愤怒，但当做出一些解释时，对方可能就没有那么愤怒了。

这是一个事实，所以让客户知情，是销售人员做的最重要的一件事情。客户本身对你的防备心理就非常重，就觉得你是一个不了解的陌生人。这时，如果你不把所有的事情对他说得非常详细，他就会越来越不相信你。所以，你要把这些话挂在嘴边："张姐，是这样的，您作为消费者有权利了解我的一切，也有权利了解我们公司的产品的一切。我会给您介绍清楚每一个环节，包括我们公司的背景、公司的股东结构。您想知道的我都会告诉您，甚至如果您想看我的身份证，我也会随时拍照发给您，这都没有问题，因为我希望您能心里踏实，能心安。我觉得这是我的职责。"

当你这样对客户说时，他会觉得很安全，因为你让他知情，在试图让他知道你的一切。客户需要掌控感。如果你没有办法让他掌控你，就没有办法消除他的心理障碍和顾虑。

顶级的销售思维是被人看透。其实你可以假装被人看透，也可以真被人看透，都无所谓，关键在于你给客户带来的这种体验感非常不错。

人们通常都希望有退路

淘宝在刚开始做推广时，销售额增长得不快，但是在推出 7 天无理由退货规则后，销售额呈指数级增长。这其实说明了给客户退路是最好的说服。比如，我经常对客户说："张总，您购买我们的产品花的这些钱对您来说不算什么，我也不在意这些钱。我在这个行业里做了这么多年，这点钱解决不了任何问题，即使我们公司有一天倒闭了，我也还在。如果您相信我，那么可以放心地买，买完之后，如果觉得不好用，您可以退款，如果公司不给您退款，我可以自掏腰包。"

你也要不断地向客户强化这种观点，以此来证明客户的选择是对的，让客户觉得他有退路。我一直用这样的方式让客户知道，一切尽在他的掌控中，他有退路。这就大大地提高了客户购买的成功率。

你眼里的问题，是别人眼里的解决方案

举个简单的例子，以抽烟这件事情为例，我的朋友抽烟在我的眼里是一个非常大的问题，我会对他说："你抽烟不仅对你的身体不好，而且让周围的人吸二手烟，对他们的身体也不好，你这么做不对。"这时，他会告诉我，抽烟是因为工作压力大，要缓解一下压力。通过这个案例，可以弄清楚一件事情，我眼里的问题是他缓解压力的解决方案。

同样，一个孩子逃课，我觉得这个问题非常严重，是道德问题，但是这个孩子逃课的原因可能是他在学校受欺负，想逃离那个环境，那是他的解决方案。所以，你一定要注意，在没有弄清楚对方的原因时，如果过分着急地解决所谓的问题，就等于拿走了他的解决方案，这是一个巨大的错误。

客户对我说我们的产品太贵了，需要对比一下同类产品的价格。这在我的眼里是一个非常大的问题，但是在他的眼里是精打细算的解决方案。要想解决这个问题，我就必须给他找一个替代的解决方案。比如，我对他说："张总，我相信您和很多销售人员都交流过，可能发现了我在给您解答一些问题时，回答得更加清晰，更加具体。这是因为我在这个行业中做的时间太长了。所以，对于其他公司的价格，我心知肚明。每家公司的情况我都了解，所有的价格我都清楚。如果您愿意，我可以帮您逐个分析这些产品与您的需求的匹配程度。这是我的一个解决方案，您看可以吗？"你不要直接对他说不要考虑其他同行的产品，你们的产品最好。这没有意义，因为你只是在一味地解决你眼里的问题，但等于拿走了他的解决方案，这是不可取的。刚才我所说的帮他分析就是找到了一个方案替代了他的方案。这时，他就回到了我给他设计的情境中。你在销售过程中，可以多使用这样的方式，如果你能找到其中的奥秘，就会发现其实与客户交流很简单，没有那么难。

问题可以是谁的

我之前遇到过一个学员，他是房产中介。他说客户既不相信他，也不相信他们公司，所以他不想干了，想转行。我问他当客户表现出不相信他们公司时，他是怎么回答的。他说："我们公司很厉害，有很多年的历史……"我对他说："你的出发点就是错误的，逻辑也是错误的。客户不相信你，就等于不相信你们公司。既然他不相信你们公司，你给他介绍你们公司有用吗？为什么没有用？是因为你不知道这个问题是谁的，没有把问题弄清楚，没有把责任划分好。这个问题不一定是你的，也不一定是你们公司的，很多时候是客户的。"

我告诉他一个话术，非常简单，"张总，每次与您沟通之前，我都做了大量的准备工作，准备了很多房源信息，就是希望能呈现相对专业的形象。我们交流了这么长时间，其实最大的一个问题是，您对我还不够信任，如果您真的想和我们合作，那么我需要您给我一份信任，否则我会浪费很多时间，也会浪费您的时间，您说对吗？"

这时，问题变成了谁的？这个问题就变成了客户的问题。**不是所有的不信任都因为你，很大一部分程度的不信任都是因为客户过分防备，产生了不信任。** 你一定要了解这个底层逻辑，也要自信，这是很正常的。我经常对客户说："产品在市场上存在，就一定会有人喜欢，也一定会有人不喜欢。这是每个产品的宿命性问题，我们不可以改变，但是您今天不相信我们的产品好，不代表别人也不相信我们的产品好。产品好与坏，很难通过个人的某种判断证明，只有经过时间的打磨，才会最终证明我们的产品到底有没有价值。"其实这个问题的责任不在我,是因为客户不相信,与我一点儿关系都没有。

你可以再考虑一下责任问题还能是谁的。问题其实还可以是公司的。在遇到这种问题时,你要找到领导,对他说:"张总,咱们公司现在遇到了一个问题,客户每次在与我交流时,都觉得我们的品牌不值得被信任,可能是因为我们公司的宣传做得不好,或者我们公司的品牌效应不是特别好,所以我希望领导层能够更多地打造公司的品牌。这样能让我们未来在与客户沟通的过程中更轻松,也能让客户更相信我们。品牌价值大于个人价值,如果公司非常值得信任,我们被客户信任的概率就会变大。"你可以让问题变成别人的,不仅仅都是自己的。

比如,今天我在和朋友聊天时,说我和我老婆吵架了。朋友问我为什么吵架。接下来,我就对他描述为什么会吵架这件事,他会按我的描述判断谁是对的谁是错的。比如,我说:"前两天,我和几个朋友晚上喝酒,我们好长时间没见了,当时喝得比较开心,我 10 点半就想走,因为我老婆让我每天 12 点之前必须回家。这几个朋友一直不让我走,结果我 12 点以后才到家,所以我老婆和我吵架了。"在刚刚的描述中,责任是谁的?我的朋友的责任更大一些。对于同样的事情,我也可以这样说:"前两天,来了几个朋友，我们很长时间没有见面了，所以在一起喝酒，非常开心。我知道我老婆让我每天 12 点之前回家，但是我一想这几个朋友好不容易来一回，就想多和他们喝一会儿。我这几个朋友有事要走，我就一直拦着他们，结果朋友就没走，我们一直喝，回到家我老婆和我吵架了。"在刚刚这段描述中，责任是谁的？是我的责任。再如，我想让这个责任是我老婆的，"前几天，来了几个朋友，我们非常开心地在一起喝酒，这件事我提前对我老婆说了，说晚上晚一会儿回去，让她别生气，我们好不容易相聚一次，结果晚上回去之后我老婆还是和我吵架了。"

同样的道理，当客户对你不满时，你可以让这个责任是你的，也可以让这个责任是公司的。比如，客户说："你们的产品真的比同类产品都贵，虽然我很信任你，但是没有办法买你们的产品。"这是客户经常说的话。这时，你作为中间人，想让责任是谁的就是谁的。我之前介绍过一个逻辑，就是客户是客户，你是你，公司是公司，你和公司是分开的。你可以这样对客户说："张总，不瞒您说，价格的问题我也很不好意思，为了这件事情我早就和公司领导吵过架，当时我还差点离职，但是经过公司领导的解释，我才知道这个价格是合理的。"我把公司领导向我解释价格问题的事告诉客户，这个价格的问题到底是谁的？作为销售人员，你不要担负起解决这种很难解决的问题的责任。你说帮客户解决这个问题，请问你能解决吗？这是很多销售人员犯的巨大的错误。当解决不了某个问题时，你不要往自己身上揽，要把它甩给领导，甩给公司的某一个负责人，甚至甩给公司，用外在因素配合自己做好销售工作。

你在中间不是解决问题的人，公司、产品和你个人是相辅相成的关系。问题可以是任何一方的，你要以最终解决问题的结果和好的体验为导向，将销售做"活"，才能成为高手。

成为拆解情绪的高手

中国人不太擅长谈论情绪，但情绪在人的决策过程中起了非常大的作用。之所以说中国人不太擅长谈论情绪，是因为对于情绪，最好的赞赏就是没有情绪，比如波澜不惊等，但很多人的选择，都不是由理性决定的，而是由情绪决定的。

对于沟通者来说，最糟糕的不是面对负面的情绪，而是面对混乱的情绪。情绪是应该先处理的。举个简单的例子，有一个女孩对我说："我和男朋友相处很长时间了，但是突然发现他经常下载电影看，我非常生气。"我问她为什么生气。她说就是因为这件事生气。我说："不对，你有没有思考过为什么生气？你真的是因为他下载电影看这件事生气吗？"我这么一问，就把她问住了。我又问她："如果你的男朋友每天专心致志地打游戏，你会不会生气？"她说会生气。我说："你把这时生气的感觉和为他下载电影看生气的感觉对比一下，如果生气的感觉是一样的，那么你刚才生气就不是因为他下载电影看，而是因为你没有被关注。"

通过这个案例，你会发现，其实有很多时候你并不是为眼前的一件事生气。所以，在沟通的过程中，当出现情绪时最重要的不是大胆地推测，而是仔细思考。如果她没有想清楚为什么出现这个情绪，只是因为男朋友下载电影看就和他分手，那么下一个男朋友每天都专心致志地打游戏，他们的关系会好吗？如果她为男朋友专心致志地打游戏生气和为他看电影生气的感觉不一样，就接着往下推。

你要拆解生气这个大的情绪，精确到某一个小的情绪点上，找到生气的具体原因，这才是拆解情绪的意义。回到销售层面，其实是一样的。客户对你们的产品不满意或者觉得你们的产品价格高，那么你首先要想一想他为什么觉得价格高。如果你没有了解到他的底层情绪就解决价格高这个问题，其实并没有办法真正解决问题，只是在表面上与他沟通。比如，你把产品价格下降20%，客户依然觉得贵，那就不是价格的问题了，可能是因为他过于贪梦，想要最低的价格，甚至对你们的产品可能没有任何好感，只是在一味地刺探你的底价。你一定要记住情绪是需要拆解的。当面对的客户有情绪时，最重要的不是大胆猜测，而是仔细思考，拆解情绪。

/ 第5章 /

销售"洗脑术"

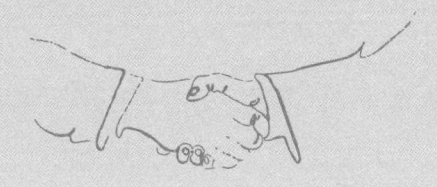

CHAPTER
05

你与客户的关系

提到洗脑这个词,很多人会有疑问,这个词究竟是褒义的还是贬义的?我认为,从字面意思上理解,洗脑并没有褒义和贬义之分,洗脑是褒义的还是贬义的,是由最终希望通过洗脑达到的目的决定的。比如,传销组织通过洗脑的方式进行诈骗。这时,洗脑当然是贬义词,但是如果你通过洗脑的方式让一个恶人回头,那么这时洗脑这个词就是一个褒义词。

作为销售人员,你肯定希望客户通过你的表述,能够快速地做出购买决定。在此期间,你就避免不了给客户"洗脑"。

自古买卖两条心

"自古买卖两条心",你和客户永远不可能在刚开始接触时成为朋友。很多人抱着善意与客户交流,其实他们的出发点都是没有任何问题的,可是客户有时候并不这么认为。作为销售人员,有时候你必须把和客户的关系变得复杂,如果你们的关系不复杂,客户可能就会认为你占了大便宜。

下面举个简单的例子,我是一个出租房屋的房主,有个小姑娘问我房租是多少,我说一年 2 万元。她对我说她刚创业,没有办法支付这么多房租,问我能不能便宜一些。我出于善意对她说可以便宜,一年 1 万元。她在第一时间可能不会感谢我,会对我说原来房租有很大的水分,甚至觉得 5000 元也能租给她。当把事情变得简单时,我本来是善意的,可是客户并不这么认为,反而觉得钱花多了,我也觉得吃亏了。我明明是善意的,但是被客户这样理解。这是一个双输的局面。

你一定要注意,有时候销售工作之所以非常复杂,是因为你如果把事情变得简单,就会出现一个双输的局面,但如果把事情变得复杂了,就需要具备很深厚的功力,这是销售人员必须知道的底层逻辑。

始终保持平稳关系

你需要通过洗脑更巧妙地把过程变得张弛有度。"自古买卖两条心",这"两条心"体现在哪里?客户认为你是销售人员,对你说的任何一句话可能都会怀疑,这是因为他觉得你说的话都是为了让他更快地购买你们的产品。这是消费者的心理。

当销售人员报价后,即使价格已经是最低价了,客户也可能不会第一时间相信这是最低价,会认为价格还有下降的空间。很多销售人员在面对客户时都会心里发虚。他们认为,客户来之不易,他们需要赚钱,而且需要赚客户花的钱,所以理应对客户好一些,希望在客户的面前好好表现,要一味地退让,这其实是错误的。

洗脑前的准备工作

你在给客户正式洗脑之前,需要先把中间的利益关系去除。客户认为你赚他的钱,你认为你要赚客户花的钱,落脚点在钱上,也就是利益的层面上。当你把利益拿走时,你们的关系就能够相对近一些。

展现放弃自己的利益

你要向客户展现放弃自己的利益。作为销售人员,客户总会认为你赚他很多钱。这时,为了让你们之间的关系变得更近,你可以展现放弃自己的利益,具体怎么展现?

你可以使用以下简单的话术,这也是我经常对客户说的,"张总,我和您合作,您可能觉得我会赚您的钱,其实赚您的钱是天经地义的事,因为接下来我要为您提供大量的服务,做大量的售后工作,但是我的出发点和别人的不一样。说句最实在的话,作为销售人员,我当然希望您最终能够选择我,给我带来巨大的利益。我今天给您的价格已经是最低价了,您可能不相信。没关系,您可以和其他人给您的价格对比,我不怕对比。您可能会有疑问,为什么我要给您最低价?这是因为我在这个行业里做了这么多年,不可能永远给别人打工,总有一天会创业,那么在未来创业的路上,就少不了像您这样的贵人。我想通过这样的方式让我们的关系更进一步。我对您好一点儿,坦诚一点儿,相信将来有一天您可能会帮助我。这就是我的想法。"

在刚才的表述中,我说给他的是最低价,是因为未来可能会有求于他。这个利益的出发点是我的,我为了获得将来的利益舍弃眼前的利益,而且这么说并不会对我的人品有任何减分。

销售说服力

很多销售人员会说:"张总,我给您最低价就是为了和您交朋友。"这是没有任何说服力的。还有很多人说:"我们今天刚开张,给您最低价就是拉回头客。"其实这是不成立的,客户心中有数,不会相信,但是当你把客户的利益和你的利益挂钩时,这个话术就变得非常真实。所以,你要记住一点,当要对客户让步时,首先要与自己的利益挂钩。比如,客户是一个学校的校长,我想给他低一点儿的价格。我对他说:"张校长,未来我的孩子可能在您的学校上学,所以今天我宁可不赚钱,也要交您这个朋友,希望您到时候能记得我,也能帮帮我。"这是一个非常好的为客户付出的理由。

你要注意,你的利益一定要与客户的利益挂钩。你不能说单方面地为客户付出,那就是假的,即使真付出,客户也会认为是假的,但是如果为了自己的利益,眼下付出一些,就会变得非常真实。所以,你给客户洗脑的前提是,先把自己的利益放弃,让客户在内心深处对你没有那么设防,这样才能够更有效地往下推进。

给客户造成捕获冲击

警察在抓捕犯罪分子时,通常会把时间选在凌晨,基本上是犯罪分子熟睡时。警察破门而入,把犯罪分子吓一跳。从心理学

第 5 章 销售"洗脑术"

上来说，这叫捕获冲击，是指在平稳或者平静时，突然给对方制造恐惧感。在抓到犯罪分子之后，紧接着连夜突击审讯，犯罪分子就非常容易交代。

你可以回顾一下你和客户的关系。你是否一直都让客户处在一个平静的状态下，从来都没有让客户的内心产生任何波动？那凭什么能让客户在意这件事情？你要深度思考一下这个问题。比如，现在正是国庆节期间，还剩 3 天假期，你正在考虑接下来去哪里玩，这时突然接到了老板秘书的电话。她说："小张，老板有事找你，让你上班后第一时间去他的办公室。"她说完这句话以后把电话挂了。这时，你会怎么想？可能心情很差，完全不想出去玩了。你会反复琢磨老板找你有什么事，担心前两天和同事喝酒时说了老板的坏话，被他知道了，要开除你。你怀着忐忑的心情一直等到上班，敲开老板办公室的门。老板笑脸相迎，说："你坐下，小张。我看你平时的工作非常不错，公司有个大项目准备让你做，项目做完后打算给你升职。"老板告诉你的是好事，即使不是好事，只要老板对你说的内容高于你对这件事的预期，你都会很开心。哪怕让你做一个额外的工作，你也会马上高兴地去做。

在职场中，经常有人使用这一招。公司董事长对手下的几个经理说这个周末不能放假了，要加班。普通的经理在向下传达时会说："我们这个周末要加班，因为公司要发展……"这时，员工就会不高兴。聪明的经理会这么说："董事长说要裁员，可能会涉及我们组的几个同事，但是我对董事长说咱们的项目本身人手就不够，裁员就更完不成了，所以这个周末我们要加班。"这时，员工不仅愿意主动加班，而且在加班时会非常亢奋。对于同样一件事情，使用不同的方法做，会产生不同的效果。

洗脑技巧

在封闭的空间中交流

如果你需要和客户交流一些相对重要的事情，就要注意交流的环境。比如，你不要在公共场合说一些与决策相关的事情。又如，你在给客户打电话时，要尽可能选一个客户独处的空间。如果你在晚上给他打电话，他就有更大的概率独处。如果你听到客户那边比较吵闹，还与他沟通关于成交的问题，是绝对不可以的。

我在给客户打电话时，如果听到客户那边比较吵，就不会对他说一些重要的事情，会直接对他说："张总，实在不好意思，我听到您那边比较吵，您可能比较忙。因为我接下来想对您说的事情非常重要，所以咱们再单独约时间详细谈。"然后，我就会挂断电话。在这样的环境中与客户交流，会影响我给他灌输我的想法。在通常的情况下，我会选择和客户在一个封闭的空间中沟通。比如，只有我和他在办公室时，我才会说一些与决策相关的内容。如果有其他的人在，我就会聊一些生活中的话题，不会聊与决策相关的内容。

对于在封闭的空间中交流，你一定要多使用，非常有效。下面举个简单的例子，我们公司的销售冠军有一个习惯非常好。他每次给客户打电话时，都会先对客户说："张总，您的身边有没有人？我接下来说的事非常重要，您方便说话吗？"他会先定好调性，如果客户的身边真的有人，客户就会把人支走，或者走到旁边打电话。

制造稀缺

制造稀缺并不是指让这个东西变得越来越少，而是让客户知道这个东西越来越重要。制造稀缺是营销中最重要的一个环节。以钻石为例，其实钻石的产量在全世界范围内还是比较高的，但是珠宝商为钻石赋予了爱情的含义，"钻石恒久远，一颗永流传"，这就是制造稀缺的方式。

我制造稀缺的方式是什么？我们的产品对客户多么重要，客户多么想得到它，这是精神层面的一种稀缺。我一般会这样对客户说："张总，我是这么想的。您现在的年薪是 50 万元，说实话，与您的年薪差不多的客户在我这里真的挺多。他们基本上都在做这件事情，甚至有很多人在主动找这件事情做。"我会告诉客户这件事情是他必须做的，如果他不做，就很容易被落下，这是非常重要的。

我在通常的情况下先渲染这件事情很重要，会对客户说："现在做活动可以省下 5 万元。我之所以要告诉您，是因为我在与您沟通的过程中，觉得您对价格是不满意的，所以我在第一时间对您说。另外，我觉得我们像朋友一样，关系特别好。"我先铺垫为什么对他说这件事，然后再说名额特别少，特别难得到。我会对他说："张总，您都不知道，我们整个公司对名额卡得非常紧，只有 50 个左右。公司有那么多客户，我先对您说一下这件事，我随时盯着，有任何消息，随时告诉您。"我先让客户觉得这件事非常重要，不告诉他一定能抢到名额，只是说这个名额非常难得到，制造一个障碍。当客户对这件事已经心痒，突然有一天问我这件事怎么样了时，我就成功了。

制造稀缺要想成功，就要做到客户不问你不说，客户不问你不松口，只要客户问了，你一松口，这个单子肯定就没问题了，就这么简单。

行为承诺

我之前看过一个案例，有三个人在报摊看报纸，经常觉得报纸上的观点不对或者有些地方有问题，就总摇头。老板觉得他们总摇头会影响报纸的销量，会让别人觉得报纸的内容不好。于是，他就想了一个主意，对这三个人说："我看你们平时工作都非常忙，非常累。你们在看报纸的时候，可以经常活动一下脊椎，多点点头。"这三个人都觉得报摊老板说得有道理。他们就一边看一边点头。其他人路过报摊时，看到他们看得津津有味，就自然而然地停下来看。这样就引发了从众行为，引发了追随，这就是一种行为承诺。

怎么让客户产生行为承诺？我在与客户交流的时候经常这样问客户："张总，您平时挺忙，也挺累吧？"客户会说特别累，工作特别多，但为了生活没有办法。然后，我不顺着他的话说，而是这样对他说："张总，我真的没有想到您能对我说这么多，没想到您这么信任我，我挺感动。"这时，客户出于礼貌一定会告诉我他很信任我。或者我这样对他说："张总，您能对我说这么多话,说明真的非常看重我,我觉得我还是有点价值的人。"客户会说是的,你是个有价值的人。

当客户第一次对我说信任我时,可能没有特别大的作用,说两三次可能也没有太大的作用,但是当说 10 次,甚至 20 次时,他可能就会购买我们的产品了。他总说对我是信任的,就产生了惯性认知,也叫行为承诺。

假逻辑

假逻辑,也叫换逻辑。有一个故事特别有意思。一个农场主在山顶上的养鸡场中养了一群鸡。有一只黄鼠狼一直想吃鸡,但是由于这个养鸡场的防备比较森严,设置了很多机关,所以它找不到机会。于是,黄鼠狼想了一个主意,在悬崖边上竖了一个牌子,写到"如果你不展翅飞翔,怎么知道自己是一只雄鹰呢?"结果这群鸡就一只接一只地往下飞,这只黄鼠狼就在悬崖下坐享渔翁之利。这就是使用假逻辑的一种行为。

你在与客户交流的过程中遇到了 a 问题,并且没有办法解决,就可以把 a 问题变成 b 问题,再与他沟通。我的客户经常对我说:"你们的产品太贵了,比其他同类产品都贵,所以我现在不选择你们的产品。"客户纠结的 a 问题是价格贵,这个问题我没有办法解决，把它转化成 b 问题。我会这样对他说："张总，我知道您觉得我们的产品比较贵，否则可能早就和我们合作了，但是话说回来，我们的产品好不好，您现在肯定有自己的判断。我们的产品能不能完全满足您的需求，我也有自己的判断。咱们坦诚地说，您今天纠结的真的是价格贵这个问题吗？您今天真正纠结的问题是最终合作效果的问题。如果最终的合作效果完全超出您的预期，完全能让您满意，再让您多花一些钱您也会同意，对吗？"这种话术我用了很多次，每次客户都会说对。

当客户纠结 a 问题时，如果你解决不了，还硬要解决，就会形成死局。这时，你要转换逻辑，转换过去就好了。比如，客户对我们的产品质量有点担忧。我说："张总，您担忧的真的是产品质量吗？说实在话，就是因为您从来没有和我们合作过，如果您过去和我们合作过，产品质量您还用怀疑吗？如果您想知道我们的产品到底好不好、到底能不能满足您的需求，就需要尝试，需要迈出第一步。万事开头难，您只有迈出第一步，才能知道预期能不能达到，才能知道产品效果到底是好还是不好。"

第6章

销售的最高境界：销售情绪价值

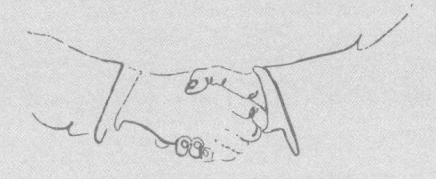

CHAPTER 06

销售说服力

贯穿一生的情感模型：情绪价值

对于情绪价值这个词，很多人都觉得好像在哪里见过，可能在某篇文章中看到过，也可能在某次演讲中听到过，但是很少分析这个词到底是什么意思。下面从销售逻辑这个出发点系统性地介绍一下情绪价值到底有什么作用，为什么重要。

从某种程度上来说，我们都是平等的，但是很多人都希望自己比别人好。很多人都对我说："我明明比他漂亮，明明比他的能力强，但是他事事如意，我却事事不顺心。"很多人可能都会有这样的想法，觉得和别人的水平差不多，但是别人总是比他们更厉害。

第 6 章 销售的最高境界：销售情绪价值

很多销售人员都问过我一个非常严肃的问题，他们觉得自己和公司的销售冠军的能力差不多，甚至比销售冠军的能力还要强，但是销售冠军总能做出很好的业绩，而他们做不出来，销售冠军总被客户喜欢，被客户信任，而他们却让客户非常反感，为什么？

其实原因就在于情绪价值。除了在销售领域中，在生活中情绪价值也是一个贯穿我们一生的情感模型。谁掌握了情感模型，谁就能够掌握成交密码。

为什么情绪价值那么重要？人们在交往过程中往往需要交换价值。如果你的朋友和你在一起时总是不断地向你索取金钱、帮助等，并且觉得理所当然，而你从未在他的身上得到过任何好处，你还要继续和他做朋友吗？如果你失去这个朋友，会觉得悲伤吗？我相信，你不会悲伤，这种事情我亲身经历过。

在很多关系中，我们都希望与对方的身份是对等的，比如在谈恋爱时希望找到门当户对的伴侣。你要想和一个人的关系非常好，就需要等价交换，和客户同样如此。对于一个销售人员来说，如果你每天求客户做一些事情，那么和要饭有什么区别？你与客户一定要进行等价交换，这是一个底层逻辑。

你想找一个男朋友或女朋友，肯定希望找到一个不让人烦而且招人喜欢的人，这是找对象的基本要求。在爱情层面，找对象的本质是竞优，而不是竞次。你总是希望在可选范围之内找到最好的那个人。客户找销售人员也一样，本质上也是竞优，而不是竞次。在你选择客户的同时，客户实际上也在选择你。如果有10个销售人员同时与这个客户联系，那么客户当然希望在这10个销售人员中选择一个他认为各方面都非常优秀的销售人员来合作。谈到竞优，下面就来介绍一下竞优的评判标准，也就是需要什么样的价值，这非常重要。

竞优有两个标准。第一个是物质价值。第二个是情绪价值。我认为，物质价值就是能够直接给我的生活带来改变的，与钱有关的价值。

你能给客户带来什么改变、带来什么帮助，你们的产品能帮他解决什么问题，这些是你提供给客户的物质价值。客户给你带来了收益，给你带来了业绩，这是他提供给你的物质价值。对于物质价值来说你们实际上是等价交换的。例如，客户给你100元，你就要给客户100元的产品，客户给你1万元，你就要给客户1万元的产品。如果你和客户签了一份合同，在合同中写了你要给他提供10项服务，那么他会认为这10项服务是你应该提供的，而不是额外提供的，是他花钱交换过来的，这就叫物质价值。有些消费者买东西不怕买贵的，就怕买贵了。他们花了100元，也知道要得到100元的产品，即使是等价交换的，也依然会认为你

第 6 章　销售的最高境界：销售情绪价值

在赚他的钱，在占他的便宜。他总会认为自己是吃亏的，而不会认为这是等价交换。你用什么来弥补？可以用你的情绪价值来弥补，这相对来说比较晦涩难懂，但是你一定要认真理解。

客户给你 100 元，你给客户 100 元的产品，虽然你们是等价交换的，但是客户会认为你在赚他的钱，会认为你提供给他的产品可能只值 80 元，有 20 元的差价，这是让他心里不舒服的一个核心点。情绪价值是干什么用的？情绪价值有两个作用，第一个作用是弥补这 20%让他不舒服的差值，第二个作用就是让他在选择购买你们的产品时更加坚定。

情绪价值的作用真的太大了。如果客户长期认为，你们的产品不值那个价钱，价格太高了，甚至觉得你至少赚 50%以上的钱，这时你就没有办法和他建立合作关系，所以你要用情绪价值去弥补。

客户对我说我们的产品不值这个价钱，但是这时的产品价格已经是最低价了，他不相信，怎么让他选择我们的产品？其实有一个核心的思路，就是给他一些额外的价值。我可以给他情绪价值作为加持，会告诉他除了产品，还能提供给他一些人脉、资源、方案等，让他产生情绪波动。我用这样的附加值，用这种额外的情绪价值，让他认为的 80 元变成 90 元，甚至变成 100 元或 110 元，他就会产生占便宜的心理，就会果断地购买。

客户一直在说我们的产品价格其实比别人的略高一点儿，意思就是大家的产品都差不多。这时，普通的销售人员一定会说贵有贵的道理，好东西才贵呢。他说完这种话，给客户什么感觉？"产品应该这么贵，你应该接受这个贵的价格。"这不会起到任何作用，反而会引起客户的反感。我会把情绪价值展现出来，这样对客户说："张总，这个市场的信息透明度非常高，大家都在打价格战，把成本压得非常低，说明大家的产品没有那么多的差异化。您作为消费者，选择一个合适的产品固然重要，但我认为更重要的是选择一个能够长期把您的问题当成自己的问题来解决的人，一个能够心甘情愿地为您解决问题的人。这个人要比产品重要 100 倍，是您花钱买不来的，毕竟产品是产品，人是人。今天您做这个决定花了三五分钟，但是未来我需要用一年，甚至两年的时间来交付对您的承诺，毕竟未来大部分的服务是由销售人员来主导的。我希望给您提供的是产品以外更多的东西，这是我想给您的。"我巧妙地把产品和我这个人分开，这是非常重要的逻辑。我的言外之意很简单，大家的产品都差不多。这时，产品就不是一个必须纠结或者关注的核心点。我让我们的产品和其他公司的产品变得差不多，选择谁的产品都一样。我巧妙地扭转了客户的思路，紧接着做了一件非常聪明的事情，除了在产品方面提供等价的物质价值，还可以提供情绪价值，即我的服务和除了产品以外更多的东西。

第 6 章　销售的最高境界：销售情绪价值

我对很多销售人员说，销售实际上卖的是"人"，而不是产品，要让个人 IP 走在产品 IP 的前面，让个人品牌走在产品品牌的前面，要遵循"先人后事"的原则。之所以强调人重要，是因为人是最有可能为客户提供附加值的，产品是死的，人是活的。传统的销售思路是用产品对客户这个人，这会出现巨大的错误，客户是人，是否选择你们的产品，实际上靠的是他的判断、他的直觉。我的思路是更多地卖"人"，这时产品就变成了人，人对人时，客户的意见可以得到回复，我们之间的冲突都可以得到解决，人是活的。我们可以互相改变，让合作更加精准、更加完善，而且更加灵活，这是最重要的。

情绪价值的运用

到底什么是情绪价值？从营销的角度来看，情绪价值到底怎么划分？情绪价值就是客户感知的情绪收益和情绪成本之间的差值。情绪收益指的是客户的积极情绪。客户在与你沟通的过程中，你带给客户的非常好的感受和非常好的印象，都是积极情绪。情绪成本是指客户的消极情绪。你让客户不高兴了、客户觉得你是骗子都是情绪成本。情绪收益、情绪成本和情绪价值都可以用数字来衡量。如果客户的情绪收益是 100，情绪成本是 120，那么客户的情绪价值就是负值，客户是极度不满意的，你想和他成交基本上就是不可能的。

之所以在前面用很长的篇幅阐述情绪价值的底层逻辑，是因为如果你没有弄清楚这个底层逻辑，使用它是非常难的。在我的眼里，情绪价值就是一个人可以影响他人情绪的能力。

如何给客户提供情绪价值？其实简单来说就是满足他在情绪方面的需求。情绪是以人们的愿望和需求为中介的心理活动，这里要注意，如果能满足人们的愿望和需求，就会产生积极情绪，如果不能满足人们的愿望和需求，就会产生消极情绪。这是对情绪价值非常好的概述，所以要想把情绪价值提供给客户，要想影响他的情绪，激发他的积极情绪，就要懂得如何满足他的愿望和需求。

马斯洛需求层次理论（套用到销售中）

一个人的需求等于欲望吗？很多人都说需求等于欲望。我认为，欲望和需求是有一些区别的。需求是分为很多层次的。马斯洛是美国著名的社会心理学家，提出了需求层次理论，把需求分为七层。

第6章 销售的最高境界：销售情绪价值

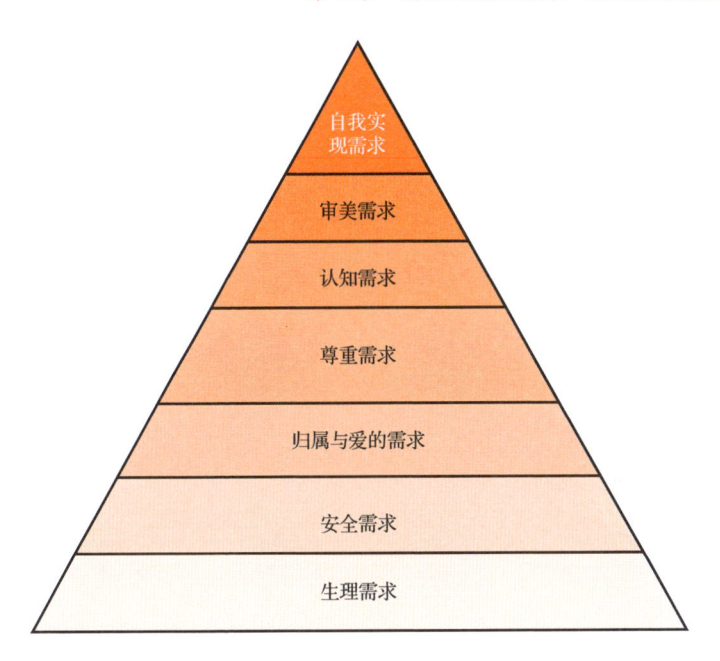

```
         自我实
         现需求
        审美需求
        认知需求
        尊重需求
       归属与爱的需求
        安全需求
        生理需求
```

下面对这七层进行分析。第一层是生理需求。生理需求就是维持自身生存的根本需求。第二层是安全需求。安全需求就是保证安全稳定，免除恐惧和危险的需求。第三层是归属与爱的需求。归属与爱的需求是社交需要，是希望与他人建立感情联系的需求。第四层是尊重需求。内部价值的肯定，外部价值的认可就是尊重需求。第五层是认知需求。认知需求是指个人对自身及周围世界的探索、理解及解决疑难问题的需求。第六层是审美需求。审美需求是指对美好事物的追求。第七层是自我实现需求。自我实现需求是指发挥自身潜能，不断完善自己的需求。

我们做的是销售，只需要用其中的五层，即安全需求、归属与爱的需求、尊重需求、审美需求、自我实现需求，下面对这五层一一介绍。

安全需求

每当一个应激源出现打破固有的平衡时，其实就是一次危险，可能会威胁到我们的生活、工作、情感等。没有人愿意生活在危险中。每个人都有自我保护欲。

什么叫应激源？我认为，从心理学上来说，应激源分为四种。第一种是躯体性应激源，是指直接刺激人的躯体的刺激物。第二种是心理性应激源，是指来自人们头脑中的紧张信息。挫折冲突、情绪障碍等，都是心理上的应激源，这是在销售中应用得非常多的。比如，客户想让你把产品价格再降一点儿，你告诉他不能降。这时，他受到了挫折，你没有在第一时间解决他的问题，他就会感觉极度不适。第三种是社会性应激源，是指能导致个人生活变化，并要求人们对其做出调整或适应的事件。比如，我今天想坐公交车上班，但是起晚了，没有赶上公交车，要打车上班，这是社会性应激源。从社会这个层面来说，其实几乎没有任何事情是固定的，事情可能都是突然发生的，都是预料之外的。第四种是文化性应激源，是指语言、习惯、风俗的改变。

我们主要应用的是心理性应激源，这是非常重要的。每个人都希望自己处在一个安全的空间中，无论出现任何应激源，都希望固有的平衡不被打破，客户也如此。你可以思考一下客户在没有认识你之前是什么状态的，希望和你合作以后，是什么状态的。他甚至都不希望做一些微小的改变。这时，他就处在一个安全的空间中，安全需求就会被满足。你可以使用以下四种方法满足客户的安全需求。

1. 植入你说话算话的案例

客户希望你对他诚实，希望你说到做到，这也是他的安全需求。你如果想让客户相信你，就要告诉他，你今天的承诺在未来都可以兑现，说的任何一个效果在未来都可以达到。这就可以给他带来一种安全需求的满足感。当然，你不能直接告诉客户，要委婉地从侧面表达。在前期刚与客户沟通时，我都会给客户讲一个故事，非常有效。你也可以提炼出日常生活中这样的故事，把它打磨一下。

我对客户说："张总，我们虽然认识的时间不长，彼此了解得不多，但是以后我可以通过一些事情证明我答应您的事情一定能做到，因为这是我对自己的要求。很多人过去都对我说我不应该做销售，觉得销售这个行业里有很多骗子，很多人都是'大忽悠'。我当时就想，不忽悠难道就卖不出去东西吗？后来，经过不断的努力，我发现其实做销售不需要撒谎，真诚是通往成功最好的道路。我有一个客户是北京本地的老大爷，他特别有钱但是很寂寞，他的孩子都在新西兰，只有一条狗陪伴他。他说每周六和周日都要出去办事，问我愿不愿意照顾一下他的狗，如果我愿意，他就和我合作，正好需要我们的产品。当时，我没有马上答应他，而是说想一想，因为我觉得我可能做不到。我在考虑一番后对他说我能做到，但是我希望我们的合作是建立在我能解决他的问题的基础上，而不是能帮他养狗上。后来，他就和我合作了。时间不长，他有一天对我说，要去新西兰看他的孩子，但是不能把狗带走，问我能不能帮他养半年，需要多少钱都给我。我对他说，虽然有些难度，但是答应他的事一定会办到。您知道在北京养狗多难吗？在北京工作节奏那么快，我有时候都没有时间吃饭，但要让狗吃饭。有时候我会把它放到宠物医院待一两天，让宠物医院的大夫帮忙照顾一下。马上就熬到半年了，没想到这个客户因病去世了，本来我觉得狗不需要养了，但是每次想起这个老大爷，我就咬牙坚持，又养了三四周，有些时候感觉真的坚持不住了。这时，他的女儿回来了，把这条狗接走了，对我表达了感谢。答应别人的事能办到，是负责任的表现。张总，今天我答应您的每一件事都是在未来能够做到的。"

这个故事有一点儿长，你可以提炼出自己的故事，但是务必要把这样的故事讲给客户，让客户对你放心。他会觉得你对别人都这样，那么对他当然也会尽心尽力。这时，你就满足了他的安全需求，让他觉得你说到做到。在和你合作时，他至少觉得踏实、安心。

2. 让客户的改变最小化

人们一般都不希望打破自己的舒适圈，都在极力维护自己的固有平衡。客户即使和你合作了，也不希望改变太多，甚至希望什么都不改变才最好。他会认为改变得越小，越安全，做这件事的难度就越小，所以你要让客户的改变最小化，要不断地向客户强调这点。

我会经常对客户说："张总，您花钱的目的是解决自身的问题，如果花了钱之后，让现在的情况变得更复杂，那么花钱有什么意义呢？您和我合作不是一次性购买，而是买的服务，找到一个帮您解决问题的人。您和我合作以后，很多之前要操心的事情现在不需要操心了，因为有我替您操心，很多之前要想的问题现在不需要想了，因为有我帮您解决，而且更专业。您在原地不动，看我择机而动，这是合作的意义。您说呢？"当我用这样的方式与客户沟通后，他很高兴，认为和我合作很划算。这样做降低了客户做这件事情的难度。人都是有惰性的，包括思想上的惰性、行为上的惰性，客户也是一样的。所以，要让客户的改变最小化。

3. 多给客户一些他意想不到的惊喜

惊喜可以怎么给呢？可以给客户送些礼物。不论什么客户，不管是和我合作过的，还是没有合作的，只要未来有可能合作的客户，我基本上每年都会在他们过生日时送一些礼物，一般是手写的生日贺卡和一小束鲜花，并不是名贵的礼物，这是客户额外收到的东西。我是怎么知道他们的生日的？一方面，我会看他们的朋友圈，很多人在过生日时都发朋友圈。另一方面，我也会故意问，在闲聊中问客户几月过生日。

惊喜还可以怎么给呢？我经常对客户说："张总，这件事不一定能办成，您不用抱太大的期望。我会利用我的关系，利用我的权利竭尽全力地帮您办，能办到什么程度就办到什么程度，您等结果吧。"我在说这些话时，实际上知道能办成，但是先告诉客户这件事可能办不成，目的是当这件事情真的办成时，给客户惊喜。

4. 愿意为客户做出适当的改变

这句话的重点在"适当"这两个字上。对于有些人，你越惯着他，他越不理你，你不搭理他，他反而会回来找你。对于一线销售人员来说，在客户的面前不一定要强势，但是必须有底线，这就意味着在与客户交流的过程中，你不要一味地恳求，不要一味地征求客户的意见，不要把姿态放得很低，不要一直询问。

什么叫适当的改变？适当的改变就是根据客户的需求，在服务、产品和合作上愿意为对方做出一些调整。我惯用的话术为"张总，在我们合作的过程中，您需要做一些调整。我会根据您的调整，做出一些相应的调整，为您提供更好的服务，让服务质量提高一个档次。我希望您的体验感达到最好，但您的体验感好不要建立在我的痛苦之上，这才是最正常的合作。说实在话，张总，今天您让我办一件事我马上就办，让我干什么我就干什么，这不能证明我听话，只能证明我们的产品有很大的问题。有任何问题您都可以对我说，我可以为您做出一些适当的改变。"

对于这点，你在对客户说时，一定要抓住适当这个核心的词汇，不要说太多的话，要让客户觉得你可以帮他想办法，可以帮他做一做，但是如果太难，你不一定能做到。你要坚守住自己的底线，要有自己的想法。只有这样，你才能够让客户越来越相信你，才能够吸引客户。

归属与爱的需求

我们都需要被接纳，被爱护，被关注，被保护，被鼓励，被支持等。我们说出来的每一个观点，都希望被别人认可，都希望被别人支持。在难受时，我们希望被别人鼓励，在迷茫时希望被别人关怀。大多数人都是这样的，客户也如此。

销售说服力

下面介绍五种可以满足客户的归属与爱的需求的方法。

1. 在客户纠结为难时，主动减轻客户的压力

这很好理解。客户有的时候没有办法做决定。我会对客户说："张总，您做这个决定是不是需要征求一下家人的意见？您对我大概说一说他们更关注哪个方面？如果您需要我做一些介绍，可以随时说，没有关系。我的想法是不论什么合作，都不要影响家庭和睦，因为您买这个产品不只是您自己用，家里人也要用。"我用这样的话术告诉客户，希望能减轻他的压力，我是站在他的立场上为他考虑的。

2. 在客户难过、伤心、迷茫时，对他技术性关怀

我不需要介绍太多技术层面的内容，只需要介绍一个核心点。很多人都在讨论如何高情商沟通、如何与客户高质量交流、如何与人打交道，都在说沟通技巧，但是我认为最高级的技巧是，当看到一个人难过、伤心、迷茫时，不论你们的关系怎么样，你都能走过去拍一拍他的肩膀，然后问他需要帮忙吗？这叫真诚。你在与客户沟通的过程中，一定要善于观察客户的表情。比如，你看到他眉头紧锁，那么在第一时间不要聊产品，可以说："张总，对于合作，您有什么为难的吗？您可以直接对我说。""张总，在做这个决定时，您需要我做什么可以对我说。"你要多去对客户说这些话。

3. 保持对客户的好奇

人们通常都希望别人对他们感兴趣，这说明他们有价值。这是一个很简单的逻辑。几乎所有人都对明星感兴趣。明星是公众人物，之所以能获得大量的流量，是因为他们的粉丝对他们感兴趣。被关注的人往往会有一种巨大的存在感，会认为自己的价值非常大。这给我们满足他的归属与爱的需求提供了一个非常重要的思路。我会经常对客户保持好奇，会问客户今年多大年龄。比如，他说42岁。我会说："您看上去35岁左右，怎么可能42岁呢？是怎么保养的？"我使用了疑问句，目的是让客户多说话。客户会告诉我大量我可能都想象不到的核心的销售线索。这样，我就能了解客户的想法。比如，我是服装店的销售人员，有一个女顾客来到我的店里试穿了很多件衣服，花了大概40分钟，然后把所有的衣服都放下之后要走。这时，普通的销售人员会问她为什么走，是不是没有喜欢的衣服，但是我会对她说："我刚才看见您穿那件红色的连衣裙非常漂亮，非常合身，就没好意思打扰您，但是我很好奇，您为什么不买这件连衣裙？"我没有直接问她为什么不买，那样显得语气非常生硬，会让客户产生对抗。我用好奇的语气问她穿这件连衣裙非常合身，为什么没买。对我的好奇的解释权在她那里，她愿意解释就解释，不愿意解释就不解释，但是在我问她以后，她一定会解释，对她好奇是非常重要的技术手段。

4. 对客户做不起眼的小事表示感谢

我与客户之间最好的连接是与生意和产品无关的。我经常对客户使用一些套路，让我们产生一些生活上的连接。比如，我在客户的办公室里看到了一本书，其实我看过这本书。我好奇地问他这本书是在哪里买的，书店都没有这本书，我在电子书平台上看过一半，但是没有看完整本书，能不能借给我看。当我表达出对这本书非常好奇时，客户大概率会对我说可以拿去看。我把这本书拿回家以后，有时间就看一看，把书中的一些金句和我的感悟做成 Word 文档或者写在纸质的本子上，拍照发给客户，同时写上几句话，"张总，这句话写得太好了，我忍不住与您分享一下，学到了不少知识，这本书太好了。我真的太感谢您了，要不是在您的办公室里见到这本书，我可能都不会想到找这本书或买这本书。"我让他见证我的成长，也就是我在看这本书的过程中学到了哪些知识。这会让他有巨大的成就感，因为我是因他而成长的，他会觉得自己非常有价值。

我还会设计很多更巧妙的事情。比如，我在还书时，再买一本同样的书，对客户说："张总，您说巧不巧，前两天我的一个朋友在××看到了这本书。我马上就让他买了两本。我把一本送给您，把您原来的旧书也还给您。我有一个习惯，对于好书我都买两本，一本拆开看，另一本不拆封收藏用。所以，我也给您一本新书，也算表达我的谢意，因为您让我学到了很多知识。"在正常的销售逻辑中，这种事根本就不存在，但是我故意把这件事情做出来。很多事情都是可以设计的。

客户总会有些擅长做的事，你也可以让他为你做些他擅长做的事，然后感谢他。举个简单的例子，我在厦门时，见了一个客户，在聊天的过程中，我得知他虽然现在做健身器材生产和销售，但他是做电商起家的，做了10年电商，以前是经销商，把国内的健身器材卖到国外。于是，我就对他说："您真的很厉害，怪不得现在敢自己生产产品，原来最擅长的是电商。"以后我在跟进客户时，很少和他聊产品。有一次，我说："张总，过两天我要见一个客户，这个客户非常懂电商。您能不能抽出5分钟对我说一些您认为最核心、最硬核的电商知识点？当我见他时能让我显得很专业。"这时，我在向客户请教，客户就会告诉我几个知识点。过了一星期左右，我给他发条消息，"张总，今天我见到那个客户时，客户对我高度评价，就是因为您对我说的那几个知识点帮了我的大忙。我一定请您吃饭。您知道这个客户对我意味着什么吗？我下半年的业绩就全靠他了，真的非常感谢。"我没有和客户聊产品，也没有聊成交，实际上聊的事情和合作都没有关系，但是我们的关系一定拉近了。对这个方法，你一定要多使用，灵活变通。

5. 不要吝啬赞美，同时要表达惊讶或喜爱

表达惊讶是什么意思？"张总，原来您这么年轻啊！我以

为……""张总，怪不得您现在的生意做得这么大，原来是因为……"对客户赞美很简单，但赞美不等于吹捧。很多销售人员会对客户说："您真的博学多才，我跟在您的身边也能获得很大的成长，能赚很多钱。""张姐，您的皮肤真白。您都40多岁了，我以为您才18岁呢。"这叫吹捧，这种话以后不要说了。你要记住，要对真实的事情进行赞美，在赞美的过程中要包括惊讶。比如，你说："张总，我真的不知道您这么年轻。我见到过很多和您同龄的客户，您的皮肤确实很好，估计您的心比较宽，什么事都不怎么往心里放。长得比较老的人一般都是那种比较容易着急，做什么事都想马上要结果的人。"

尊重需求

我认为尊重需求也叫自尊需求。自尊对于一个人来说是非常重要的，这一点从很多真实的案例中都可以看出来。有的人买车真的是刚需吗？真的是为了代步吗？其实未必，有的人只是为了自己的面子。这也是一种需求。

当客户说出一句话时，你可以维护他的自尊，赞美他，鼓励他，认同他，这样就会增加他的优越感和自信。下面介绍怎么维护客户的自尊，怎么满足客户的尊重需求。解决方案有以下四个。

第 6 章 销售的最高境界：销售情绪价值

1. 认可并支持客户的决定

认可客户的决定是指你认为他说的是对的，是没有任何问题的。当客户对你说一句话时，你应该先认同客户的观点，"您说的没错""可以啊"，支持客户的决定。

客户在做决定时，可能是他一个人在做决定，也可能是几个人在做决定。比如，我作为一个消费者去买车，这个决定我是可以做的，但如果我做的这个决定是错的，那么会影响我的家庭和睦。如果我的老婆不让我买车，但是我一定要买，我们的家庭会和睦吗？同样的道理，如果你是做 to B 产品销售的，你面对的客户是 CEO（Chief Executive Officer，首席执行官），虽然他是有决定权的人，但是那些业务骨干和技术支持人员的想法难道就不重要吗？

你一定要注意，你不仅要支持眼前的客户的决定，还要支持客户在那个小群体里的决定，让客户的决定彻底立住，下面用案例解释一下。比如，我在厦门见到了一个健身器材制造商。我们给他提供电机，是他的供应商。以前，健身器材都是靠加铁块增加重量、减铁块减轻重量的，但是随着时代的发展，现在通过电机加力或卸力，使用电机非常方便，而且在家里也可以用。我见到他时，对他说："张总，对于我们的产品，目前您还有什么想法吗？有哪些不满意的地方或者比较满意的地方？"然后，我们就开始沟通。他其实非常认可我们的产品，也认可我们的价格，觉

181

得我们的产品没有任何问题。这时，如果是普通的销售人员，就已经把这个话题终结了，但是我要满足客户的尊重需求，要更加深入地维护客户的自尊。我说："张总，咱们的关系就不用说了，您觉得我这个人不错，也觉得我们的产品很好，但是说实在话，我在这个行业里看到的客户太多了，什么情况都有，虽然在公司里您是老大，有一票否决权，但是也要尊重下属。因为您做的决定需要技术团队支持、执行，如果他们不认可您的观点，或者没有那么认同，就会对您的工作产生一些影响。您的观点我已经清楚了，技术团队在选择一个供应商的产品时，侧重点是什么？您大概对我说一说，我帮您想办法解决。我也可以亲自给他们讲解一下。我希望不仅由我来支持您的产品，给您提供服务，还希望公司的所有人都帮您做这个决定，都支持您的这个决定，这是我想看到的。因为只有顺利地合作，才能有更好的结果。"

我要帮客户想到他可能遇到的反对意见。在我用这样的方式对客户表达后，客户会认为我真的在维护他的观点、他的立场。我站在他的立场上帮他解决有可能出现的问题，这充分说明我们站在同一个立场上，这时客户一定会非常有存在感，会觉得他的决定真的非常对，从而产生了尊重需求的满足。

2. 给客户充分的表现机会

很多人都渴望表达，都希望被需要，都有分享欲，都希望受到万众瞩目。客户也会有这样的心理。实际上从身份和角色角度来说，客户在销售人员的面前是有优势的。说白了，他在你的面前是价值优势方。他觉得他是拥有主动权的人，买不买你们的产品实际上都由他来决定，他有一票否决权，有绝对的选择权。他在角色上是优于你的，如果你想更好地满足他的尊重需求，就要给他充分表现的机会，让他觉得他很厉害，而且你对他是非常崇拜或者非常感兴趣的。这样，他的自我价值就会得到非常充分的体现。

比如，还以刚才那个厦门客户为例，当时我问了他一个问题，"张总，在做这个行业之前，您做的是哪一个行业？"他说做了10年电商，进别人家的健身器材，销往国外，所以对电商非常了解。这时，我就知道他很擅长电商，那么他是否愿意把他擅长的这个点展现给我看呢？

几乎所有人都愿意把自己最擅长做的事情展现给别人看，讲给别人听，这是一个非常好的自我表现的机会，而且他们展现出来以后，会期待得到反馈。如果别人对这件事情非常在意或者感觉不可思议，就能够满足他的尊重需求。所以，我对他说："张总，我最近一段时间观察了很多电商平台，包括抖音。我现在看不清楚以后电商的发展趋势，您怎么看？我正好遇到了您这么专业的人，您能给我讲一讲吗？"这时，我发现客户看我的眼神发生了变化，因为这是他非常擅长做的。他详细讲解了如何看待电商，讲了 20 多分钟，真的是尽全力讲解，展现自己擅长做的事情。

你可以试想一下，你问客户一句，客户答一句，这种沟通方式会非常枯燥，你在沟通的过程中找不到任何乐趣，因为客户不爱与你交流。如果你能完全满足客户的尊重需求，那么你们之间还有不能说的话吗？你们之间的距离一定会非常近。对于客户擅长做的事情，你可以把它放大，用提问来激发客户的表现欲，给客户充分的肯定。在客户展现出他对这件事情非常了解，表达了所有的观点后，你要表现出非常惊喜、非常惊讶，这时他的自尊心会得到充分的满足。

3. 展露同频，即某种想法、观点或经历是相同的

这非常重要。你和客户的关系是从陌生逐渐变成熟悉，最后互相信任的。从陌生到信任不是一蹴而就的，每一步都需要精心设计。人们通常都喜欢与自己类似的人在一起，而不喜欢和陌生人在一起。某种想法是一样的，某种观点是一样的，某种经历是一样的，这些都可以成为同频的基础。我之前介绍过一个案例，我在与客户交流时，会了解客户的喜好。如果客户喜欢看书，我就会说我也很喜欢看书，看过多少本书，我们就会产生同频。比如，你曾经去过美国，我也去过美国，我们就有相同的经历。你可以找到很多相同点，只要把相同点展现出来，你们之间的距离就会慢慢地、不断地拉近。

4. 故意找到并接纳客户的缺点

这个方法是指虽然客户的观点不太正确，但是角度是对的，我就不会否定客户的所有观点，也不会完全支持客户的观点。否定客户的所有观点叫对抗，过分支持客户的观点叫吹捧。我会对客户说："张总，您刚才说的所有观点，其实从消费者的角度来看是没有问题的，但是从专业的角度来看，我觉得或多或少会存在一些瑕疵。"我会故意找到并接纳客户的缺点，他从消费者的角度看问题，我是专业的，可以允许他的建议存在，但是不会完全支持他的观点，因为我们看问题的角度是不一样的。

这里要注意，当客户对你的观点不太认可，对你们的产品有一些偏见时，你不要直接说他的观点完全有问题。你应该允许他的观点存在，但是不支持他，也不否定他。当你这样说完后，虽然他不会觉得很开心，但是也不会不高兴，因为你是从专业的角度来说的。

审美需求

人们对美好的事物都有追求，这就是审美需求。对于满足客户的审美需求，可以使用以下三种方法。

1. 穿着干净、整洁

这个知识点很好理解，我就不介绍了。

2. 回忆美好的经历

很多成交都来自冲动。如果你想离成交更近，那么就要让客户尽可能产生冲动。美好的经历非常容易让客户产生冲动，是一个非常好的要素。比如，我会在与客户沟通的过程中，包括在成交的关键阶段，使用回忆美好的经历这个方法。首先，感谢客户的支持，然后回忆细节，最后展望未来。

我会在成交的关键阶段打一张感情牌，这张感情牌就是回忆美好的经历。我会说："张总，您能和我聊这么长时间，我很感谢您，因为您一直是相信我的，至少在今天之前您都是相信我的。虽然到现在为止您没有和我合作，但是我相信您有自己的理由，我没有办法强行改变您的想法。我希望您能明白我都是以朋友的身份在与您沟通，我相信您能看得出来。我还记得第一次与您见面的场景，您当时穿着棕色的外套，一双黑色的皮鞋，让我印象特别深刻，尤其当时您的身边还有一个朋友，他一直对您说我不可信，但是您说了一句话，让我非常感动。您说觉得我这个小伙子还不错，可以慢慢了解。对于您来说，这可能不是什么大事。我每天见很多人，但是像您这么相信我的人真的不多。所以，从那以后，我每次给您打电话沟通时，都是带着诚意的。虽然我们现在可能没有办法合作，但是未来不论您遇到什么问题，都可以来找我。我会用一个行内人的身份帮您解决问题。您相信我，尽管您没有和我合作，但是我们的情谊一直都在。"我用这种话术和客户聊天，再怎么理性的客户也会被打动，之后我们的关系会非常融洽。对于美好的经历你需要回忆细节，细节越清晰越好，能说明你对这份情感投入得越多。

3. 对美好的向往

你和客户之间有没有美好的东西？在未来会不会有一些东西变得非常美好？**美好其实有一个前提是你们要变成一个利益共同体**。只有这样，你们对美好的向往才是同频的。你怎么能和客户成为利益共同体？首先举一个简单的案例，我是做 to B 产品的，扶持了几家公司，我是它们的供应商，它们的产品中有我们的配件。我经常会对客户说："张总，我在这个行业里做了很长时间，没有招聘很多市场人员，您知道为什么吗？因为我不想走得太快，前期不想走量，而是希望重点扶持一些有潜力的公司。您使用我们的产品，如果你们的产品未来在这个市场中火了，销量特别高，那么我们的产品也就跟着火了，所以把这件事做好是我最大的目的，我们公司也可以省下很多宣传费，我们一定是利益共同体。等赚钱以后，咱们一起喝茶、泡澡、旅游，多惬意呀！那时候我们的心态和现在会不一样，因为我们已经功成名就了。所以，您放心，在这个过程中，我一定会竭尽全力和您合作。只有这样，我们才有更美好的未来。"我们是利益共同体，这件事情与客户有关，让客户喜欢，与我有关，也让我喜欢，我们的关系会非常不错。

下面再介绍一个案例。我不是做 to B 产品的，而是做 to C 产品的。我会对客户说："张总，您知道我为什么要花这么大的精力为您服务吗？是因为您的人脉很广，您在这个圈子里的地位很高。如果您能宣传我们的产品，效果就会非常好，我需要的是未来的转介绍。所以，每当遇到您这样的客户时，我都不想做'一锤子买卖'，更看重的是您在未来给我做的转介绍。如果我想要未来的转介绍，首先要做的一件事情就是对您好，让您对我的服务满意。我希望未来我在这个行业里，不用再付出很多努力，通过像您这样的客户给我的转介绍，也能一个月赚很多钱，这是我的最终目的，但是要想达到这个目的就需要有个前提条件，即我要对您好，要满足您的需求，您说对吗？我说我们的产品好没有用，您说我们的产品好才真正有用，所以您不用怀疑我会对您不好，也不用怀疑我为您提供的服务有问题，我看的是未来。"

我介绍的每一个观点都有相应的案例和话术，你一定要放心地对客户说出来，换来的是客户对你的绝对信任。

第 6 章 销售的最高境界：销售情绪价值

自我实现需求

下面介绍如何满足客户的自我实现需求。人们之间真正好的关系是我喜欢你，你喜欢我，彼此还要促使对方变得更好。这是一个没有终点的成长系统。你和客户的关系从表面上来看是买卖关系，但是你可以仔细分析，如果客户和你合作，那么他的生活和你的生活会发生哪些变化。你会发现你们会因为对方的变化而变化，你们的关系是交织在一起的，这才是好的合作关系。如果你单纯地对客户说，你们的关系就是买卖关系，你卖给他产品，他买你们的产品，那么你们的关系没有办法变得越来越好。满足客户的自我实现需求有以下四个方法。

1. 告诉客户你喜欢和他聊天，问他喜欢和你聊天吗

很多人会问能直接对客户说喜欢和他聊天吗？这种问题可以主动问客户吗？我认为可以主动问，而且还能调节气氛。我经常对客户说："张总，我和您聊了这么长时间，其实说实在话，一方面，我希望您能够和我合作，这是我的最终目的，我相信您也清楚，另一方面，您的社会阅历非常丰富，您讲的那些成长故事，让我少走了很多弯路，让我成长了。张总，您有没有发现我每次与您沟通时，基本上不聊产品，更愿意和您聊一些生活中的事，就是因为我喜欢和您聊天。张总，我也问问您，您不反感和我聊

天吧？"客户当然会说不反感，这是客气话，但是在沟通的过程中，这种"小小的客气"会在无形中巧妙地变成客户的自我承诺，给我和他聊天定了一个基调。当下次再和客户聊天时，我就能完美地切入非专业性的话题，问客户一些生活中的事情。我们沟通起来就会非常顺畅，不会那么生硬了。

2. 告诉客户你与其他人不同

当下的销售市场是什么状态的？有什么规律？消费者的思考路径发生了变化。由于电商的崛起，消费者的消费习惯与过去完全不一样了。以前我们都是通过打电话或者见面的方式介绍产品，消费者会根据我们的介绍，不断地信任我们的产品。当信任达到一定的程度时我们就成交了。大量的消费者是根据产品决定是否购买的，可是现在不一样了，很多消费者的消费习惯是静默下单，大家不愿意浪费时间在一个销售人员的身上，希望通过自己的判断购买，因为参考资料足够多。

很多人都通过自己的判断决定是否下单，在下单的那一刻不会有任何疑问，有时候甚至都不会咨询直接就下单了，顶多咨询一下用哪家快递公司发货，这减少了销售人员的工作。很多销售人员做不出来业绩，有些时候真的不是能力的问题，而是客户的购买思维和购买路径变化了。你一定要考虑到这个层面，产品是产品，人是人。现在的人很难相信销售人员的话，因为他更相信自己的感受，这是非常重要的。

各个行业都在打价格战，把成本压得非常低，现在生意不好做是事实，客户也能看得到。各个品牌的产品基本上没有太大的区别，在功能上都差不多，这时客户用什么样的感受去下单？他没有太大的感受。你可以用你这个人来激发他的感受，引导他的感受，这是非常重要的。你与别人有什么不同，能给他提供更多的服务，这是非常好的角度，要让个人 IP 走在产品 IP 的前面。我经常对客户说："张总，这个市场的信息透明度太高了，您也知道市场环境是什么样的。大家都在打价格战，在这个市场中，真正有差异化的产品很少。对您来说，您选择谁的产品都一样。您做这个购买决定可能只用三五分钟，但是未来大量的服务都是由销售人员来主导的，我要用一年，甚至两年来兑现今天对您做出的承诺。您选择一个产品固然重要，但更重要的是选择一个真正为您解决问题的人，这比选择产品重要得多，所以我希望您能做出与产品无关的决定，毕竟产品是产品，人是人，我不能保证我完美，但至少我会对您尽责，这是我在这个市场中赖以生存的本事，也是我做人的根本。"我巧妙地把产品和人彻底分开，给客户一种我是值得信任的感受，然后让他从对产品的信任过渡到对我的信任。我们成交的可能性就大得多了。

3. 学会给客户"画饼"

大多数人都无法拒绝在未来的一段时间内有可能发生一些美好的事情。你对客户说的很多事情是客户曾经想过，但是没有办法做到的。你给客户画的"饼"里要包含未来在这个市场中，别人给不了他，但你能给他的东西，这是非常关键的。比如，我经常对客户说："我认识很多投资人。我的很多客户的融资都是我介绍的，如果以后您有这样的打算，我可以帮您联系，而且一分钱佣金也不会收，因为我们是朋友。"我会给客户一个附加值，这个附加值是别人给不了的，但我能给。又如，我有一个客户是宝妈，她除了想购买我们的产品，还想做自媒体创业。于是，我对她说我有很多做自媒体运营的朋友，专门给别人孵化账号，非常厉害，所以未来如果她有这个需求，可以随时来找我，我第一时间帮她介绍。

4. 你们的性格互补

两个性格相同的人的关系可能不是最好、最长久的。相反，两个性格不同的人的关系往往是最坚固、最长久的。如果一个人强势，另一个人弱势，那么这两个人配合起来没有任何问题。如果两个人都强势，那么他们很难做成事。你和客户的关系也一样。很多人说我是很强势的人，当面对强势的客户时我还能强势吗？不能，当客户强势时，我就不会那么强势，当客户圆滑时，我说

第 6 章 销售的最高境界：销售情绪价值

话就很直接，我们的性格一定要互补。比如，我之前帮一个证券公司做业务，和销售人员见了一个客户。这个客户是做事非常谨慎的人，分析事情头头是道。我对他说我们也很谨慎。这时，我们做任何事情都很难推进，结果客户对我们说他更喜欢那种做事比较激进、投资风格比较激进的人。这样，一个人在前，另一个人在后，一个人快，另一个人慢，一个人急，另一个人稳。客户说的这个点给了我巨大的冲击。

我现在经常对客户说："张总，您是一个追求完美的人，我是一个做事冲在前边，但是不像您这么细心的人。我们在一起做事，真的互补，基本上能够相互扶持往前走。"这时，客户认为多了一种选择，多了一个帮手，那他和我的关系还能差吗？

第 7 章
高阶销售的无形渗透

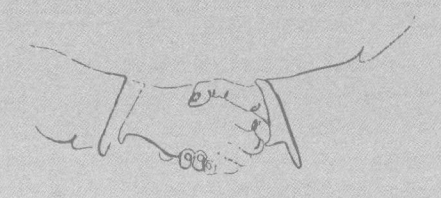

CHAPTER
07

销售说服力

产品介绍环节滞后

从字面意思上来理解，渗透不是一蹴而就的，如果墙渗水了，那么从渗的那一刻开始，直到你发现的那一刻，可能会有很长的一段时间。你也要对客户进行渗透，不是一下就把事情做完，而是逐步做完。

销售人员经常犯的一个错误是，在与客户沟通时总说："张总，我们的产品很好，您和我合作好吗？"你做得更多的工作是在要人家的结果，但实际上如果不做一些基础工作，凭什么要人家的结果？这简直就是痴心妄想，这就是成交率低的原因。

当你和客户的关系好到一定的程度，或者你和客户建立了一个非常好的黏性关系时，成交就会在无形中产生。我把这称为有形的关系、无形的成交。贯穿有形的关系、无形的成交的一条主线是让个人 IP 走在产品 IP 的前面。这意味着，所有的成交流程和逻辑都是先人后事。如果你的信任搭建得足够好，客户可能瞬间就会和你合作。

渗透怎么做？有形的关系怎么建立？无形的成交到底怎么引导？下面会详细地解答这些问题。销售人员在面对客户时，一般都会对客户说产品特别好、有哪些优势、是老品牌等。这个阶段是推荐产品的阶段，但是你要想到一个问题，成交不是一个单一诉求的满足，而是一个缓步进行的过程，就像一台精密的仪器一样，不论哪一个零件有问题，都会影响最后的结果。你在刚开始与客户沟通时，不要直接说产品如何，首先要做的是，让这个产品碎片化。

如果你一直对客户说你们的产品怎么样，那么相当于告诉客户一个整体，他很难马上接受，但是如果你把产品碎片化后一点一点地对他说，他就会逐步形成潜意识。所谓有形的关系、无形的成交，其实就是把整体的产品碎片化，把人设具体化。把人设具体化就是为了建立有形的关系，把产品碎片化就是为了渗透。你一定要记住，在与客户沟通时，一定不要过多地介绍产品，而要结合自己的人设，把产品掺杂到人设中，慢慢地渗透给客户。

渗透的四个维度

渗透的第一个维度：行业环境+你的视角下的行业状况+让客户认为他有问题

你不能直接对客户说产品，但可以先说行业环境。比如，我是一个投资顾问，那么会这样对客户说行业环境："张总，很多人都比较看好今年的投资行情，开始重仓做一些投资。我在这个行业里做了很多年，对市场的判断还是比较精准的。我觉得行情没有大家想象中那么好。所以，如果您现在的仓位比较重，那么可以先把仓位减下来，做一次微调。如果我得到一些消息，那么会在第一时间告诉您。"我完全没有对客户说产品，只是给客户分析了目前的行业环境。

又如，你是房产销售人员，不能一上来就对客户说你们有什么房子，问他是否需要。这就太直接了，效果不好。你可以先问客户："张总，您最近计划买什么样的房子？"不论客户是说暂时不想买房，还是说打算近期买房，你都可以直接对他说行业环境。你可以这样说："现在的楼市可能没有您想象中的那么好，投资需要的是机遇，我毕竟在这个行业里做了很多年，术业有专攻，接下来如果有政策变化的消息，我一定会在第一时间通知您"。你首先要做的永远不是介绍产品，而是给客户介绍一个大的环境，可以适度地和客户唱反调，但不能欺骗客户。比如，客户认为这个行业未来的前景很好，你就可以说这个行业可能没有那么好。因为你是专业的人，所以很容易形成权威感和专家感，可以让客户对行业环境有初步认知，同时也下了一个"钩子"（"如果有政策变化的消息，我一定会在第一时间通知您"），为下一次沟通做一些铺垫。

你在对客户说行业环境时，可以先让客户认为他有问题。比如，对他说，"您的现状是有问题的。""您对这个行业未来的看法是有问题的，如果您不改变，将来会出现××问题。"然后，你再想办法在未来找机会给他解决问题。这与传统固化的销售思维完全是相反的。普通的销售人员总是试图在成交之前，给客户解决问题，可是在前期你没有义务给客户解决问题，如果把全部问题都在成交之前解决了，那么还怎么成交呢？你一定要记住，在成交之前，你需要给客户"制造问题"，而不是解决问题。

销售说服力

渗透的第二个维度：客户的处境+挖掘客户的合作经历（同行业/其他行业）+自我澄清

在和客户合作之前，你一定要多提问，看一看客户有没有与你同行业的人合作的经历，或者有没有与其他行业的人合作的经历，然后提前自我澄清，扫除合作的障碍，撇开你与他的悲惨经历的关系。在挖掘客户的合作经历时，挖掘出来的经历越悲惨越好，因为你需要在未来与客户沟通时，拉开与其他销售人员的差距，要让客户知道，你是一个什么段位的销售人员，他之前合作的销售人员是什么段位的。

我会对客户说："张总，您之前合作的效果不太好吧？当时具体的情况是什么样的？"客户可能会说当时这些人做了很多合作以后的保证，所以就相信他们了。于是，我会对客户说："张总，不对啊，在正常的情况下，我们这个行业是不允许在这个方面向客户保证的，如果他保证，就意味着他没有职业操守。我从来不向客户保证，因为我觉得，这是不负责任的表现。"如果客户说和他们合作时，产品的某个功能不好，那么我会说："张总，几年前这个功能就应该很完善了，我很难理解他们的产品功能为什么还不完善，为什么会出现这种情况。"我对客户过往的悲惨经历先觉得很惊讶，让客户认为，原来这些事人家早就做过了，差距这么大。这样，我就可以拉开与其他销售人员的差距。需要注意的是，你在对客户说这些话时，一定不能欺骗客户。

渗透的第三个维度：和客户的关系+你的姿态+有效的人设输出

你要知道，你和客户最好的关系不是合作关系，也不是互相利用关系，而是朋友关系。怎么定义朋友？很多销售人员在客户的面前保持低姿态，就注定和客户成不了朋友。如果你总觉得低他一头，那么怎么能和他成为朋友？当用低姿态与客户沟通时，你给客户打电话，客户既不接电话，也不给你回电话。"张先生，我知道您最近一定很忙，我很理解您。"使用这种话术就是一个低姿态的沟通方式。

"张总，您最近很忙吧？您很忙，我也很忙，有时候我经常忙得顾不上联系您。您忙时我不忙，我忙时您可能就不忙，可能咱俩的时间就错开了，实在不好意思。"这就是我的姿态，是与客户平等的姿态。

然后，你要植入你的人设。一线销售人员经常会遇到被客户

"放鸽子"的情况，本来和客户约好了时间，最后客户说："今天实在不好意思，没有时间"，到了下一次约定的时间，客户还会有其他问题。如果你用低姿态与客户沟通，说："张总，我能理解您很忙，没事，下次再约时间。"客户可能就会一而再再而三地爽约。真正平等的姿态是什么样的？举个简单的例子，你的朋友今天和你约好在某个商场的门口碰面，可是你等了一个小时你的朋友都没来。你给他打电话，他说不想去了，想改天再见。如果你们的关系足够好，那么你一定会发飙。为什么对客户就一味忍让？

在和客户合作之前，你们的关系永远都是平等的，所以你该发飙一定要发飙。比如，客户连续放了我三次"鸽子"，我就会说："张总，我觉得我挺失败的。我今天为了见您，4点半就提前下班了，怕孩子没人管，先把孩子接回家。我和您见面担心迟到，开车追尾了，我负全责，给保险公司打电话，保险公司过来太慢，我就直接和对方私了了。我紧赶慢赶，准时到了，结果您告诉我有事来不了了。张总，我知道，作为销售人员，我在您的眼里应该招之即来，挥之即去。我可以为您服务，或者在您的面前把姿态放低一点儿。我要靠这吃饭，但是您有没有意识到，我也是一个有尊严的普通人。我的情绪有点不太好，如果我说的有些话让您难受了，希望您能理解，等以后有机会再说吧。"说完之后，我就会把电话挂了，这时客户会不会愧疚？客户首先放了我"鸽子"，本身就会有一些愧疚，然后我又对他诉说了我的倒霉经历，这样就放大了客户的愧疚感。当我下次再和他约见面时，他就不会再放我"鸽子"。

真正与客户成为朋友，是销售高手的一个核心思路。你一定要清楚怎么和朋友相处，就怎么和客户相处。

渗透的第四个维度：为什么要选择你+你的差异化是什么+一件事情

客户为什么要选择你？你要让客户知道你的差异化，让客户有选择你的理由。然后，你要对客户说一件事情来告诉他为什么要选择你。

我经常对客户说："张总，今天您可能认为我只是一个销售人员，只是一个业务人员，甚至您可能都没有重视我，但是我现在除了做销售工作，其实还在做一个更大的布局，在建立我的商业帝国。人没有志向就像咸鱼一样，永远没有办法翻身，所以我对待每个客户都非常认真，都把他们当成朋友，就是因为将来有一天我要创业时，希望他们都能成为我的人脉，但是这有个前提，就是我要对他们足够好。如果我对他们不够好，那么他们未来一定不会帮助我。我现在不仅是一个销售人员，还在为自己未来的事业做一些铺垫。张总，今天您选择我，您可能觉得我们做的是'一锤子买卖'，但是我未来会认真为您服务，否则您不会成为我的人脉。"这段话中有充分的理由让客户选择我，因为我让客户知道我会对他好。

很多销售人员不知道怎么处理和客户的关系，认为想拉近和客户的关系，可以向领导申请优惠价格，给客户最低价。我认为，在客户的眼里没有最低价，只有更低价，这是一个销售的真相。如果你给了他最低价，他就会认为这是你为了成交应该做的事情。所以，你要想给客户最低价，就要给他一个充分的理由，足够有说服力的理由。我会这样说："张总，今天我给您这个价格，您可能认为还是有水分的。您作为消费者这么想，我觉得没有任何问题，我能理解，但是我告诉您，我给您的这个价格就是最低价，是我费了很大力气要来的。您不用质疑，您在我的眼里不只是客户（引起客户的兴趣），更像我未来的合伙人（说到这里时，客户就蒙了，不知道像我未来的合伙人是怎么回事）。以您现在的身份和地位，这个行业中的任何人都想和您合作，我也一样。我最想做的一件事情就是创业，在这个行业里做了很多年，即使有一天创业也离不开这个行业，您有可能成为我成功路上重要的人脉，所以我费了很大力气才向领导申请到这个价格。我敢保证，这个价格低于市场上别人给您的报价，如果还有更低的价格，那么您要注意，他们的产品可能有问题。我只有给您最优惠的价格，才有机会和您成为朋友，才有资格和您成为朋友。如果未来我想让您帮我，那么前提是我要对您真诚，我知道您不会接受套路，但是一定不会拒绝真诚。"如果我直接说给客户最低价，那么客户会认为肯定还有更低价，但是当我给他一个给他最低价的理由，而这个理由与我的利益挂钩时，客户是完全可以相信的。

你一定要注意一个核心的问题，就是在向客户阐述任何观点时，不要直接对他说论点。比如，"张总，我是一个非常相信客户的人，对客户非常负责。"这是论点，论点是比较短的，是结论性的，而论据往往是长于论点的，是证明论点的。另外，在证明这个层面一定要有事情，事情越具体越好，可以证明你的人设。

我经常对客户说："张总，您可能不了解我，因为我们接触的时间不长，而且还没有建立正式的合作关系，但是我告诉您我是什么样的人，只要客户相信我，我就会全心全意对他好。我有一个合作很长时间的客户，他的事业原来做得非常不错，但是后来就走下坡路了。他比较爱赌，有一次向我借钱。我知道钱借给他之后，他一定不会还给我，因为他当时输了很多钱，也不敢对老婆说，可能也没有朋友。其实我没有义务借给他钱，但是当我想起他和我合作时，他非常相信我，我就觉得应该帮助他，甚至我借给他的钱比我从他那里赚的还要多。我不求别的，只希望能够对得起他当初对我的信任，仅此而已。这是我的为人。"这件事是我的论据，非常饱满，而且非常具体，甚至我还可以说在这件事中客户的情绪是什么样的。"当时，他非常着急，半夜给我打电话，我刚开始还觉得这件事有点假，甚至不相信。后来，我就睡不着觉了，开始琢磨，如果他没有特别重要、特别着急的事情，不会半夜给我打电话。"我可以详细地描述当时的想法、情绪，给客户讲这件事就会非常顺，而且非常真实。

假如你是一个房产销售人员，如果对现在的客户说，前两年有个客户通过你买了一套房子，现在升值的情况比较好，那么可信度不太大。你在说事情时，一定要具体，一定要有当时的情绪，情感越细腻越好。我会这么说："张总，其实您和很多人一样，一开始不相信我。这是很正常的。作为消费者，您慎重一点儿没有错，因为谁的钱都不是大风刮来的。两年前，我有个客户比您现在还要激动，一上来就说我是骗子。您都不知道，他当时都要报警了，说我是骗子，非常激动，我说爱信不信，就这样洒脱，但是后来经过很长一段时间的交流，他最终选择相信我一次。结果没到一年房价飙升，大概涨了一倍。他给我打电话时，竟然哭了。

他就是住在××街道××小区××单元的张先生，今年三四十岁吧。我们现在还经常在一起聊天，就是因为当时的那份信任。"如果我只说某个客户通过我买的房子升值了，那么一点儿参考价值也没有，显得苍白无力，但是我把他当时的情绪、故事细节都说出来了，就让这件事非常可信。

/ 第 8 章 /
完美成交的沟通技巧

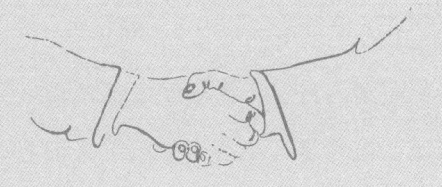

CHAPTER 08

销售说服力

刚加客户时不被拒绝的沟通方式

我在刚入行时,做的是电话销售。公司给我发了三张纸,第一张纸上写的是开场话术,第二张纸上写的是服务跟踪话术,第三张纸上写的是踢单话术。当时,我们公司有 150 多个人。我看着公司里的这些同事,经常思考怎么才能比他们更厉害。他们都拿着这三张纸对客户读来读去,有的人手中的纸已经翻烂了。我读完这几张纸的内容可能会变得很优秀,但绝对不会做到卓越,所以就自己写话术。虽然我可能没有别人那么高效,但是希望能形成自己的风格,这样才有机会成为卓越的销售人员。

刚加客户时不被拒绝的沟通方式是"简单明了地说场景,说效果"。很多销售人员在第一次给客户打电话时都会对客户说:"张总,您好,我是××公司的,很高兴您能接我的电话。我给您推荐一下我们公司的××产品,这个产品能满足您的××需求,解决您的××问题。请问您最近有没有需要?如果有需要,您可以加一下我的微信,您有任何问题都可以随时找我。"其实这是在做自我介绍,但是这种自我介绍对于客户来说,首先是不感兴趣的,其次还会反感。现在有很多公司使用外呼系统与客户沟通,也就是用机器人与客户沟通,在客户接通电话后,也不管客户有没有回应,先把话术说出去,最终落脚点是加微信,如果客户愿意加就加,不愿意加就拉倒,这就是拼概率。现在如果还用这样的开场白给客户打电话,效果就会非常差,要想把事做好,就要求变。

上面所说的自我介绍,浪费了太多的时间,你只需要简单明了地说场景,说效果就行了。**在开局的阶段,你多说一个字对客户来说都是负担。**你在与客户沟通时,说一些与他无关的内容,他就不会太在意。我会首先对客户说"我是做教育培训的,是给公司做咨询的",而不说"你好,我是谁"等,就直接告诉他我是××公司的,有一个项目要和他合作,问他有没有时间沟通一下这件事情,根据我以前的培训经历预测,会让他们公司的业绩提高30%以上。用之前的那种方式,是拼概率。我用几句话给客户一个场景和结果,对客户的吸引力会很大。

你要知道,人们很容易拒绝一个设想,但很难拒绝一个真实、可见的效果。我们对其他公司的培训效果基本上是让业绩提高

30%，这就是真实、可见的效果。我在与客户交流时，直击客户的要害，直击客户的痛点。

铺垫环节的沟通技巧

在与客户建立联系后，你就要与客户沟通项目和产品了。这时，客户有很大的概率拒绝你。要想让客户接受你，就一定要掌握以下四种沟通技巧。

分清是意见还是事实

客户给你的结果，可能并不是他眼下真实的判断。很多时候，客户给你的结果，不论好坏，可能都是根据过往经历得出的，包括别人给他提供过什么意见，让他形成了一种惯性判断。比如，客户对你说："我对比过很多同类产品，你们的产品质量不比别人的好，但是价格却比别人的贵。"这说明客户已经进行过理性分析。

这时候你很难对他解释，只需要做一件事情，就是允许他刚才表达的观点存在，不用辨别它的真伪，但是要表达你的态度。我会对客户说："张总，如果您已经对比了其他同类产品，那么我相信您肯定有自己真实的判断。我在这个行业里工作了这么多年，说句实在话，在产品质量相同的情况下，如果价格比我们的低很多，建议您保持警惕，这个行业不像您看到的那么简单。我没有诋毁别人的意思，只是作为专业的从业人员给您友善的提醒。"我从来不让客户牵着我的鼻子走，客户想说什么是他的自由，但是我要表达我的观点。我尊重他，但是不赞同他，也不会吹捧他，我有我自己的判断和看法。只有这样，我才能够在客户的面前证明我是一个经验丰富的从业人员。

你的自信很可能会影响客户。如果你唯唯诺诺，一直对客户解释，就会发现越描越黑，而且客户很可能对比过同类产品，对你说你们的价格最高，质量最差，可能在试探你，如果你没有做好心理建设，就很容易被他带到"沟"里。这就是要分清客户的意见和事实，要分清他对你说的哪些东西是他臆想出来的、哪些东西是真实的。比如，很多客户对你的态度极其强硬，这是你的问题吗？绝对不是你的问题，很可能是因为客户经历过某些糟糕的事情，然后认为你也是做那些事情的人。这对你来说是不公平的，所以意见和事实必须分清楚。

我遇到过一些客户，他们对销售人员极度不信任，甚至认为销售人员就是骗子。如果你也遇到过这种情况，就需要思考客户说的是事实吗？不是事实。他之所以认为你是骗子，是因为过去

销售说服力

曾经有人对他说过某些观点，给他灌输过某些意见，说你这样的人都是骗子。所以，当面对你时，他第一时间不会理智地判断你这个人本身，一定会先去搜索大脑中的记忆。这些记忆会影响对你的判断。

在客户说出他的想法时，你首先要判断这是他经过冷静分析得出的，还是因为曾经有人给他灌输过什么意见，形成了他的惯性判断。

比如，客户说我们的合同条款有问题。我就会问他哪些条款有问题。他会说××条款有问题，这些条款都是有利于我们的，不利于他的，我们坑他的钱。当客户这样说时，我可以马上意识到，这不是客户冷静分析得出的，因为他没有说出具体的原因，怎么可能是冷静分析得出的呢？一定是有人曾经对他说过什么事，或者他看了什么文章后一知半解，对这件事形成了惯性判断。

您说的有道理，但我保留意见

这里有一个话术模板：您说的有道理，但我保留意见。我不拒绝他，也没有完全赞同他的观点，对于这件事情，还需要观察，现在没有办法判断。比如，客户说："房产市场未来不会特别好，房子不会特别好租。"我会对客户说："您说的确实有一定的道理，但我保留意见。"我不赞同他，如果赞同他，就会让他觉得他的观点特别正确，这时我就会很被动。

您的想法有道理，我从专业的角度再补充一下

这里也有一个话术模板：您的想法有道理，我从专业的角度再补充一下。我要让客户说出所有的想法，但我要补充我的观点。当补充观点时，我要让补充的观点与客户的观点形成对抗，因为我是专业的。

我说的不一定都对，您可以随时打断我

你在每一次与客户刚开始通话时，就是在表达观点之前，要加一个前缀话术。加这个前缀话术的目的是尊重客户，但并不赞同客户。你可以对客户说："张总，我说的不一定都对，您可以随时打断我。"我在表达自己的观点之前，都要加上这样的前缀话术，目的是给客户创造一个非常舒适的沟通环境，让他可以随时表达，可以随时打断我，但我该说的话还是要说的。

第 9 章

给客户创造绝对安全的环境

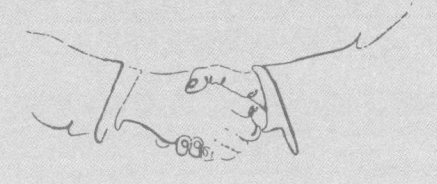

CHAPTER 09

销售说服力

这里的环境指的是客户的沟通环境。客户最害怕什么样的销售人员？咄咄逼人的销售人员、不断地逼问客户的销售人员、不断地对客户说成交和合作的销售人员、一直向客户要结果的销售人员，都会给客户带来很大的压力。当处在这样的环境中时，客户会极度不适，会没有参与感和掌控感，就会想快速地逃离这个环境，会想办法结束对话。

给客户创造绝对安全的环境，是指给客户创造安全的语言环境。在语言环境安全了以后，客户能对你说的内容会非常多，绝不仅仅只是敷衍或者透露很少的信息。我经常对客户这样说："张总，今天我过来并不是想让您和我合作。您到现在还没有了解清楚我们的产品，而我也没有了解清楚您的需求，甚至都不知道能不能满足您的需求，所以我们现在聊合作没有必要，只有您懂我，我懂您，才能达到最好的合作效果。张总，我今天过来就是想和您像朋友一样聊一聊您的问题，聊一聊我们的产品，仅此而已，其他的咱们可以先不聊,所以您有什么想法就放心地说,我们坦诚相待就好了。"

这个话术可以经常使用。在这个话术中,我没有添加任何个人的利益,而是一直在强调不要聊合作,这就是和普通的销售人员沟通完全相反的逻辑。普通的销售人员一直都在问客户考虑得怎么样、要不要考虑合作。这会给客户带来极度不安的感觉,而我对客户说的是先不聊合作。其实这时感觉最舒服、最安全的那个人是客户。

给客户创造绝对安全的环境是必要的环节,是每一个销售人员在销售的过程中必须做的。对于如何给客户创造绝对安全的环境,为你提供三个解决方案。第一个解决方案是找到客户想要的合作节奏。第二个解决方案是使用战术同理心,公司是公司,你是你。第三个解决方案是培养客户的付款心态+扫清付款障碍。

找到客户想要的合作节奏

你可以思考一下,客户最想要的成交节奏是什么样的呢?如

销售说服力

果你是消费者，当一个销售人员和你联系时，你觉得处于什么状态最舒服呢？你肯定不希望对方总逼你要结果，催你做一些决定，或者一直和你聊成交，聊合作。

最好的状态就是不催客户，不着急成交，给客户充分的思考空间和掌控感。这些都是客户想要的成交节奏，如果你按照客户想要的这种节奏与他沟通，是不是就与客户不谋而合呢？当达到不谋而合时，你会发现共情就出现了。

举一个简单的例子，我和一个沟通了很久的客户马上就要合作了。我准备过去签合同，因为我认为这个单子搞定了。可是在我还没有表达我的想法之前，客户就直接对我说："昨天我想了一晚上，合作暂时等一等，我再考虑一下吧。"客户说的话让我措手不及，而且完全不符合我之前的心理预期。这时，我应该怎么办呢？我还继续和他聊产品，聊合作吗？这都不是客户想要的成交节奏。那怎么才能达到一个不谋而合的状态呢？我会对客户说："张总，您是不是误会了？现在是我们沟通和了解的阶段，怎么可能现在就合作呢？这是不现实的，我今天过来只有两个目的，第一个目的是之前您对我说您公司的情况我没有完全了解，所以这次想听一听您还有没有什么补充的。第二个目的是把您现在的所有问题都收集起来，整理出来，我回去之后做一个计划排查一下，

第 9 章 给客户创造绝对安全的环境

看看能不能把您的问题一一解决。如果能解决，我们再谈，如果不能解决，您对我们的产品没有完全了解，我对满足您的需求也没有把握，咱们怎么能合作呢？谁的钱也不是大风刮来的。所以，张总，您今天什么都不用想，咱们先把眼下的事好好聊一聊，看看下一步怎么做。"

先不合作本来是客户想要的节奏，这时如果我为了合作逼迫他，那么肯定与客户的想法相背离。我表达了只是希望停留在彼此沟通和了解的阶段，离成交和合作还很远。这样的思路在什么行业中都可以使用。

再举一个例子，你和客户聊了一段时间之后，他问："你们的产品价格最低是多少？"在这种情景下，你报价后客户嫌贵或不选择的概率是非常大的。在报价之后，你会发现并不会马上进入成交阶段，只是客户的心里想有一个底。如果你的报价完全超出了他的心理预期，那么这时你们后续的沟通就被阻断了，但如果你的报价特别低，给他留下的砍价空间就会很小。到底应该怎么办呢？你可以用这样的方法：让节奏慢下来。

你可以这样对客户说："张总，您今天问价格是不是为时尚早呢？您看，我们之间最终合作的目的是什么呢？是为了解决您眼下的问题，但是我都不知道现在要解决您的什么问题，就把价格报给您，是没有任何意义和价值的，不是吗？如果您的一些需求与我们的产品功能并不匹配，合作是没有任何意义的，对您来说也是无效的。您的钱不是大风刮来的，我要把您的所有需求了解清楚后再给您报价才有意义，您觉得呢？所以，咱们还是多沟通眼下的问题，看看能不能解决您的问题。咱们慢慢谈，不着急。"

当面对客户问价格，而我并不想报价时，我在第一时间并不是正面回答他的问题，而是让合作节奏慢下来。当客户听到这段话之后，他会认为我这个人办事非常稳当，而且他也需要让合作节奏慢下来。人们在花钱时通常都非常谨慎，只有当离花钱很远时，才会放心大胆地说出内心真实的想法。

这两个案例是在客户有问题时的应对方案，当客户没有问题时你也可以经常这样对客户说："张总，我在这个行业中工作了这么多年，和客户其实都是用朋友的身份交流的，我为什么要这么做呢？是因为我觉得如果我有能力替客户解决问题，那么我们合作只是早晚的事。这只是时间问题，但是如果我没有能力解决问题，合作就永远不会达成，如果我解决不了问题，您就不可能选择我，而且我也有自尊心，当没有办法给您提供价值时，我自己就退出了。如果我老缠着您，那么您也会烦，您说对不对？从我的角度来说，我希望和您先以朋友的身份接触，在接触的过程中，我能完全了解您想要的，然后再让您了解您想要的我能不能完全给您。如果这两者能实现，那么我们合作一定是必然的，但如果您想要的我给不了，我给的您不需要，这时真的说什么都没有意义。您买东西也需要仔细考虑，对好东西多花点钱无所谓，对不好的东西多花一分钱也叫浪费，您说呢？"

主动让成交速度减慢，是大多数客户想要的。客户需要的是真心实意地为他解决问题的人，需要那种做事靠谱的销售人员。所以，你说出来的话要完全满足客户需要这个层面。这时，客户就会认为你真的不错，与其他的销售人员是完全不一样的。

使用战术同理心，公司是公司，你是你

"公司是公司，你是你"，怎么理解这句话呢？下面做一下解释：你和公司的关系是利益关系，和客户的关系是朋友关系。

有很多销售人员在面对客户时，总是替公司说话："我们公司什么都好，产品好，价格好……"客户真正需要的是和他站在一起的人，而不是对手。所以，我给你介绍一个核心的思路，就是和公司不站在一条战线上。我经常对客户说："张总，其实公司就

是一个我发展的平台。我想赚钱要依靠这个平台,但是您知道我为什么一定要给您报最低的价格吗?为什么能给您最低价就一定要给您最低价?是因为我要赚钱,现在开出来的单子,不管您最终交多少钱,我的提成是不变的。公司收您的钱,肯定是有利润的。这个利润分为两个部分,一个部分是我的提成,另一个部分是公司的利润。在不舍弃我的提成的前提下,公司是否赚钱和我关系不大。从我个人的角度来说,张总,我更希望公司把它的这部分利润降低,那样您就更容易和我合作,而面对其他客户时,我也更有说服力和竞争力,您说对吗?"

我要对客户阐述清楚,我和公司并不是一个利益共同体。公司的利润是公司的利润,而我的提成是我的提成,公司的利润减少并不能影响我的提成,这时我就会为了与客户交朋友,而舍弃公司的利润。这反而能证明我是一个很实在的人。我想告诉客户我们的关系是长久的,我想和他交朋友。

如果你想更加明确和客户之间的人情关系也可以这样说:"张总,虽然我们的关系是利益关系,但是我可以把公司的那部分利润舍弃,或者少赚一点儿,这样,您至少还能记得我对您好。在未来我做一些事情时,没准您还能帮我一把。我们作为销售人员并不是您想象的那样唯利是图,把您兜里的钱都掏干净,至少我不是这样做的，其实，销售人员都不应该这样做。如果我想在这条路上走得远，就必须为客户多想一些。"

在把这个观点抛出来之后，你就可以扫清客户大部分的心理障碍。客户是敏感的，是有防备心的，甚至是恐惧的。他恐惧的、防备的并不是你，更多的是你背后的公司。所以，站队要站清楚。

培养客户的付款心态+扫清付款障碍

付款是销售过程中最重要的一个环节，在最后的成交阶段，最有可能形成障碍的问题就是价格问题，所以你要提前扫清障碍。我经常给客户传递一种观念：如果达不到效果，花一分钱都是浪费。我在向客户传递这种观念时，出发点都是为了客户，而不是为了我。

怎么培养客户的付款心态呢？在距离成交很远的阶段，就应该提前做好准备，我经常对客户说："张总，对于消费者来说，最重要的是解决实际问题，如果能够解决问题，并且您还满意，那么多花千儿八百元有什么关系呢？但是如果达不到您的预期效果或者解决不了您的问题，您花一分钱都是浪费。"

说这段话的目的是给客户一种暗示，即如果能解决问题，花钱甚至多花钱都是应该的，是可以接受的。**培养客户的付款心态的目的是减少付款时价格的冲击**。我一直给客户灌输这样的理念，站在客户的立场上思考问题。我经常这样对客户说："张总，其实您是很痛快的人，但是为什么迟迟不付款？为什么一直犹犹豫豫？其实我能理解，因为您对产品的效果心里没数，如果您心里有数，付款对您来说根本就不算事，对不对？"

这时，客户会下意识地回答"是的"。这样，客户就做出了自我承诺。在给客户灌输完这样的理念之后，肯定要给客户呈现产品的最终效果，让客户兑现自我承诺。

最终的效果该如何呈现呢？我一般都会这样对客户说："张总，您有没有去过我们公司？我们公司有一屋子的锦旗，还有几箱的感谢信。您可以来参观一下。我们给客户的效果并不是刚刚好，让客户满意而已，而是超出客户的预期。这是我们在这个行业中的核心竞争力，也是为什么我有信心说，如果达不到效果，花一分钱都是浪费，给其他客户的效果就是我的自信。"

这么做的目的就是前后对冲,在最开始培养客户的付款心态,即达不到效果,花一分钱都是浪费,在后期扫清付款障碍,即达到效果,多花一点儿钱没问题。

第10章

销售中的优势谈判

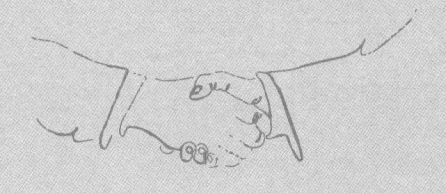

CHAPTER 10

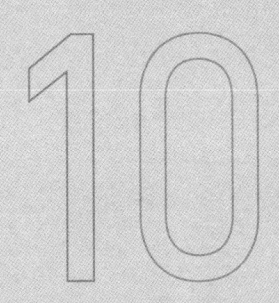

销售说服力

谈判和说服的区别

谈判和说服本质上是有非常大的区别的。权利在双方叫谈判。从某种意义上来说,谈判就是一个等价交换的过程。比如,你去买东西,可以选择买,也可以选择不买,他可以选择卖,也可以选择不卖。权利在单方叫说服。比如,我让老板给我涨工资,他可以给我涨工资,也可以不给我涨工资,决定权在他的手里。说服的关键不是你讲出正确的道理,而是让他听进去你讲的道理,这才是最重要的。

我认为,谈判是站在相对平等的位置上做的事情,而说服则是处于弱势的一方不做等价交换时做的事情。

第 10 章　销售中的优势谈判

谈判和说服是有一定的区别的。说服更接近说，要触动客户的内心，比如让客户产生情绪变化、心理变化。谈判，其实更符合销售调性。尽管作为一个销售人员，你可能会天然地处于弱势，但是如果你认为自己处于弱势，就没有办法说服客户。

解析谈判的五个误区

下面先提出一个问题，你要根据直觉得出一个答案。如果你猜错了，那么说明现在还不具备谈判思维。当面对难缠的对手时，较好的办法是先做出一些微小的让步，以换取客户的善意。你觉得这句话是对的还是错的？有的人会认为这句话是对的，也有的人会认为这句话是错的。恭喜选择错的人，你们现在已经具备了谈判思维。这句话不仅是错的，而且有以下五个误区。

面对难缠的对手

很多人会说客户本来就很难缠。我认为，这从逻辑上就是错的，在谈判桌上没有对手，有对手就意味着要分输赢。你只有谈判对象，谈判的权利在双方，这才叫谈判。你们站在一个平等的位置上，哪来的输赢？所以，你一定要注意，没有对手，只有谈判的对象。在谈判思维中，合则共赢，不合则皆输。这才符合销售谈判的底层逻辑。

真正好的谈判思维不是瓜分存量，而是共同创造增量。我曾经问过我的学员一个问题，"给你一个苹果，三个人怎么才能平均分？"你会怎么分？很多人都存在一个误区，首先想到的是怎么切这个苹果，然后用秤称。我有一个学员给出的答案特别有意思，他说："别分，一个苹果没有特别大的诱惑力，我会说服对方都不要这个苹果。然后，我们把苹果籽拿出来种上，等长出苹果树后，如果这棵苹果树结出的苹果足够有诱惑力，我们就把结出的所有苹果分掉，如果大家不觉得这棵苹果树结出的苹果有很大的诱惑力，就继续种几棵。"

你是要和客户合作的，要共同创造一些东西，而不是分走客户的钱，一定要记住这个底层逻辑。你要经常给客户灌输这样一种理念，"张总，今天我给您介绍完产品以后，希望能完全了解您的需求，这样就可以给您推荐更合适的产品。我觉得这是完整的合作模式。如果您使用我们的产品后，觉得我们的产品非常好，而且对我的服务非常满意，那么我希望您可以向朋友、同事推荐一下我们的产品，这就等于给我们做了宣传。只有你们都说产品好，才能证明我们的产品真的好，我们才能实现共赢。"

这就是创造增量，而不是瓜分存量。如果只有一个人付出，那么合作可能不会太好。非常好的合作一定是双方都付出，共同把一件事情做好。

较好的办法

什么是较好的办法？较好的办法等于没有最好的办法。在面对客户时，你要给他提供最佳方案。我在与客户沟通时，经常这样说："张总，我今天给您的价格是市场上的最低价，之所以给您这个价格，是因为希望您能看到我的诚意。您的社会阅历太丰富了，如果我和您玩心眼，您不会给我第二次与您交流的机会。您永远不会接受套路，但是一定会接受真诚。"我给客户最低的价格是最好的办法，而不是较好的办法。

你不能对客户说："张总，您要不然试一试这个方案？比较适合您。"你一定要把"比较适合您的方案"换成"最适合您的方案"，而且要通过各种方法向客户证明这个方案是最好的。

很多销售人员之所以会出错，是因为做事情的心态是外包心态。什么是外包心态？比如，我买了一条非常昂贵的项链，今天

○ 销售说服力

快递公司给我打电话，说："乔先生，不好意思，运送您的项链的快递车出了车祸。"我在第一时间的反应肯定是我的项链没问题吧、你们怎么赔偿我、我怎么索赔。如果出车祸的这辆车里没有我的项链，那么我可能不会过多地关注这起车祸。"事不关己高高挂起"，这就是外包心态，只有利益受损时，你才会着急。

你在与客户沟通时，不能有这种外包心态，只有全力以赴，才能够达到最佳，所以不能说有较好的办法，也不能说面对难缠的对手，而应该说合则共赢，不合则皆输。

微小的

微小的是什么意思？如果你在谈判的过程中轻易地让步，很可能在最后阶段就失去了筹码。举个简单的例子，客户说把价格再降低一点儿就和你合作。从客户的角度来说，他觉得你没有做出多么大的让步，但是对于你来说，即使只降 2 元，也会加深他认为你赚了他很多钱的印象。所以，你要记住，不论多么小的让步，都不要做。

让步

你一定要注意，在谈判的过程中，永远不要让步，因为让步很可能会形成双输的局面。比如，我是一个房东，有一个房子出租，房租为 8000 元/月。有一对小夫妻来租房，他们说刚来北京创业，钱不太多，问我能不能 6000 元/月租给他们。我觉得他们很不容易，就同意了。这时，我做出了让步，他们在第一时间可能不会感谢我，可能会觉得 6000 元/月的房租还是高了，可能 3000～4000 元/月就可以租。我可能也会后悔。这就形成了双输的局面。

在谈判中，只有交换，没有让步，让步说明你的筹码不够用。比如，客户说你们的产品不错，想购买你们的产品，但是有一个前提是价格再降一些。很多销售人员这时会为他申请一个更低的价格。你有没有想过真正好的产品不愁卖，为什么要降价？

客户给你 100 元，你给客户提供 100 元的产品。如果你把这个产品以 80 元卖给客户，那么说明这个产品不值 100 元。如果客户让我把 100 元的产品以 80 元卖给他，那么我会告诉他需要减少一些产品功能。这样是公平的，谁都没有吃亏，谁都没有占便宜。

换取客户的善意

在销售谈判的过程中,换取客户的善意有用吗?你不应该关注善意,而应该关注谈判的结果。善意没有任何意义和价值,在谈判中只有交换才是主旋律。所以,你不要试图换取客户的善意。在换取客户善意的过程中,你的筹码是在不断流失的。你可能不理解,下面我做一下解释。客户一再说把价格再降低一点儿,这说明他认为这个产品不值那个价钱。如果你不仅不反对他的说法,还把价格降低,就只能说明你们的产品真的不够值钱,这样可能就会影响最终的结果。

谈判的筹码

谈判的筹码分为两种,第一种是正向刺激性筹码,第二种是负向惩罚性筹码。

正向刺激性筹码

对于正向刺激性筹码,下面以一个简单的场景为例进行介绍。

比如，我去面试，会对面试官说我的工作经验丰富、学历高，这就是我的正向刺激性筹码。面试官会给我高工资和升职空间，这就是他的正向刺激性筹码。这两个筹码在同一条水平线上，我们就可以进行交换。同样，客户给我 100 元，我给客户 100 元的产品，我们等价交换，这是正向刺激性筹码的交换。

负向惩罚性筹码

还以刚才的面试场景为例，当我用正向刺激性筹码让面试官心动后，面试官说："你的工作经验丰富、学历高，我给你的月薪是 15 000 元。"这时，我会马上给他一个负向惩罚性筹码，对他说："很感谢您，但是来您这里之前，已经有很多公司的 HR 给我发了 Offer，所以我也需要去面试。"如果你想让最终的结果最快速地完成，就要给客户几个负向惩罚性筹码。如果客户真的被你的正向刺激性筹码吸引，那么你给他扔过去负向惩罚性筹码，就一定会让他增加筹码。

正向刺激性筹码与负向惩罚性筹码的实际应用

正向刺激性筹码和负向惩罚性筹码其实是相互作用、相互催化的。当对我的工作经验、学历感兴趣时，面试官给了我 15 000 元的月薪。这时，我给他一个负向惩罚性筹码，他就一定会给我一个比 15 000 元更高的月薪，这就叫真正的谈判。

下面举几个简单的例子。场景一：我有两个方案，方案 A 是一个保守方案，可以稳赚 1000 元。方案 B 是激进方案，有 50% 的概率会赚 2000 元，也有 50% 的概率赚不到钱，你会选择哪个方案？你可能会选择方案 A，因为它是稳赚不赔的。场景二：还是两个方案，方案 A 是保守方案，一定会损失 1000 元，方案 B 是激进方案，有 50% 的概率损失 2000 元，也有 50% 的概率没有任何损失。我相信，很多人会在第一时间选择场景一的方案 A 和场景二的方案 B。

有些时候，负向惩罚性筹码比正向刺激性筹码更有魅力，因为很多人都厌恶失去，如果失去，就会冒进，但能不能得到无所谓。比如，你想买房，看了很多房子都不喜欢，突然看到特别喜欢的房子，对房主说回去考虑一下。房主对你说，这个房子有很多人都在看，如果你不决定买，他就让别人来看了。他使用的正向刺激性筹码是这个房子很好，而且他能看得出来你非常喜欢这个房子。如果你一味地用正向刺激性筹码说这个房子确实不错，他也用正向刺激性筹码与你交流，你的情绪就不会有任何波动，因为你没有到达失去的边缘。当已经知道你非常喜欢这个房子，并且看出你觉得这个房子非你莫属时，他给你一个负向惩罚性筹码（这个房子有很多人都在看，如果你不决定买，他就让别人来看了），你就会更快地做出决定。

在销售的过程中也一样，如果我把客户的兴趣调动起来了，就会给他负向惩罚性筹码。我会告诉他："张总，我们的产品数量不太多。我希望您能够尽快地做出决定，因为最近看我们的产品的人非常多，所以我没有办法一直给您留着。我只能先让别人正常看，如果别人看了之后也非常喜欢，那么实在抱歉，我只能卖给他。"当知道客户对我们的产品很感兴趣时，我一定会抛出一个负向惩罚性筹码，促使客户更快地做出购买决定，这是销售谈判中非常重要的一个环节。

负向惩罚性筹码可以分为多个维度。第一个维度是人，第二个维度是产品稀缺性，第三个维度是整个服务体系。

1. 人

举个简单的例子，我一直都对客户很真诚，客户非常认可我，希望未来我能为他提供一些服务，但依然没有做出购买决定，还是犹犹豫豫的。我该怎么抛出负向惩罚性筹码呢？我会对客户说：

"张总,最近五个月我和您聊得非常开心,对您也非常真诚。我相信您能看到我非常负责,否则我们不可能聊到今天。您曾经对我说过,希望在未来我能为您提供一些服务,但是人的精力是有限的。如果为客户服务到极致,我只能服务 20 个客户左右。我现在已经有 19 个客户了,说句实在话,想让我提供服务的人比较多。昨天晚上还有一个客户通过其他客户介绍,希望我能为他提供一些服务。因为您,我已经拒绝了。产品差不多,但人不一样,能够真正懂得为您负责的人真的很少。我给您打电话主要想问问您,能不能更快速地选择我,这样我就能更坚决地拒绝别人。"这时,我把我这个人作为一个负向惩罚性筹码抛出,给客户的言外之意就是,如果他现在不选择我,我就没有更多的精力再为他提供服务了。

2. 产品稀缺性

产品稀缺性这个维度很简单,你们的产品只剩这几个了,如果一直有客户来看可能很快就卖完了,所以你希望他能尽快地做出购买决定。

3. 整个服务体系

在面对客户时,你要知道客户的心理状态。有时候,客户不但希望买到一个性价比高的产品，而且希望得到帝王式的服务。所以，你在给客户介绍产品时，也可以给客户介绍整个服务体系。我经常这样对客户说："张总，我们公司现在把客户分成几个等级，让更专业的人为第一级客户提供服务。您要尽快做出选择，这是早晚都要选择的，您说是吗？"

我希望你能够合理地、灵活地运用这三个维度的负向惩罚性筹码。很多销售人员一味地用正向刺激性筹码与客户交流，说产品多么好、多么独特等，这是错误的。通过上面的介绍，你会发现，能够让客户快速做出购买决定的一个诱因可能是客户失去的感受。比如，如果我一味地对客户说我们的产品多么好、多么特殊，其实只能让客户对产品产生兴趣，但是他不会决定购买。我会这样对客户说："张总，这个产品现在还剩几个了。您千万别误会，我今天给您打电话不是催您做决定，只是想对您说一下，好东西是不能等的。现在有很多客户一直和我聊想买这个产品，如果您现在不决定买，我就没有办法给您留着，如果您觉得两个月内能买，我觉得可以先交定金，就不让别人看了。您觉得怎么样？"客户喜欢这个产品，就只处于喜欢这个阶段，对他来说，没有任何损失，他会觉得这件事情非常重要吗？不会，最能够刺激他做出购买决定的是，马上就要失去这个产品。这时，客户最重视这件事情，也最希望尽快购买。这就是正向刺激性筹码和负向惩罚

销售说服力

性筹码的应用方式。

当能够把给客户的所有的正向刺激性筹码和负向惩罚性筹码排列出来时，你就能够掌控客户的心理变化。客户购买你们的产品的正向刺激性筹码是他能为这个产品买单、能够给你增加业绩。他买到这个产品之后，能够做少量的宣传也是他的正向刺激性筹码。你的正向性刺激性筹码是什么？你可以选择卖或者不卖、能给他解决什么问题、能提供什么服务是你的正向刺激性筹码。当你的正向刺激性筹码远远多于客户的正向刺激性筹码时，你往往会让客户对你们的产品产生浓厚的兴趣。你要做的就是增加你的筹码，当客户认为你的正向刺激性筹码远远多于他的正向刺激性筹码时，你突然给他一个负向惩罚性筹码，他就会认为要抓紧时间，尽快购买你们的产品，要抓紧时间互换一下筹码，这就是一个完整的谈判的底层逻辑。

在把底层逻辑弄清楚后，你就可以在谈判的过程中使用大量的话术，加上自己的元素。在与客户沟通的过程中，你要区分哪些是你的正向刺激性筹码，哪些是你的负向惩罚性筹码。当发现你的正向刺激性筹码远远多于客户的正向刺激性筹码时，你就占有绝对优势，在这种情况下，为什么要做出让步？为什么要换取客户的善意呢？做出让步和换取客户的善意就是不划算的交换。

当你意识到这个问题的时候，你的心态就会完全不一样。首先，你要做好定位，你和客户的关系是合作关系，合作共赢，不合作皆输。其次，你不用换取客户的善意，也不用做出微小的让步。你要做的就是和客户交换。如果客户觉得合适就换，不合适就不换，无所谓，只是在这个过程中，你必须使用一些话术和方法，才能够让客户更快地做出选择，才能够给客户带来更大的冲击，这是销售人员必须有的谈判思维。

第11章

扫清一切成交障碍

CHAPTER 11

○ 销售说服力

很多销售人员的思维方式是传统固化的思维方式。他们以产品为中心，可能对客户说的十句话中有九句话都是关于产品的。我认为做销售要以客户为中心，在整个销售流程中，客户是绝对的主线。你可以回忆一下，你的销售思路是什么样的？你在第一次与客户见面时，是不是会对客户说你们的产品如何？在添加客户为好友后，是不是第一时间就把产品资料发给他？当你们的店里来了一个客户时，你是不是都会面带微笑地说欢迎光临，然后把产品拿出来，做大量的产品推销工作？

很多销售人员认为这样做是没有问题的，作为一线的销售人员，当然要介绍自己的产品。我认为这是错误的，因为在这样的销售过程中，你更关注的是产品，而不是产品背后的那个人，人才是最重要的。你要知道不管你们的产品是好还是坏，最终做购买决定的不是产品本身，而是背后的人。这才是至关重要的。所以，无论你是什么行业的销售人员，在面对客户时，面对的都是人，要以人为主，以产品为辅。成交的过程实际上是逐渐建立信任的过程。信任是人与人之间建立的，和产品怎么能建立信任呢？所以，人和人之间的信任才是最重要的。

不管你是什么行业的销售人员、面对的客户是什么样的，也不论是 to B 产品的销售人员还是 to C 产品的销售人员，其实都在与人打交道。有的人认为销售 to B 产品和销售 to C 产品是不一样的，其实销售 to B 产品无非就是决策链相对长一些。

销售产品就像打游戏，对于销售 to C 产品来说，过一关就可以获得奖励，奖励就是提成，而对于销售 to B 产品来说，需要通关，直到打败最后的那个大 BOSS（是指游戏中最后一个强大的怪物）才能得到奖励。

在整个销售过程中，你会遇到各种各样的障碍，只有把这些障碍一一扫清，才能够获得最后的成交。下面列举一下在销售过程中遇到的障碍：第一，客户说再考虑一下。第二，客户说产品太贵了。第三，客户说他再看看。第四，客户说你们的产品质量没问题吧？第五，客户说别人的产品比你们的产品便宜。第六，找不到决策人。第七，客户对比同类产品。这些问题在销售过程中非常常见，但是你可能没有系统性的解决方案。下面从不同的角度对每一个问题都给出详细的解决方案。

客户说再考虑一下

客户说再考虑一下。可能你只做了几天的销售，就会遇到这个问题。客户考虑的是什么？当对你说再考虑一下时，客户其实已经做了某个决定，而这个决定有80%以上的概率是拒绝。所以，当客户说再考虑一下以后，你接下来不论说什么，其实都是在挽留他，你已经失去了主动权，无论怎么沟通，实际上都是被动的。当客户说再考虑一下时，你可以使用以下三个解决方案。

解决方案一：弄清楚原因

客户之所以说考虑一下，肯定是因为有一些顾虑，或者有一些问题没有想清楚，所以你首先要弄清楚原因。在你介绍完产品之后，很多客户都会说回家再考虑考虑。这时，你不应该让他回家考虑，因为很多客户回到家以后就没有消息了，再想联系他很困难。你可以使用以下话术："张总，您还是别回家考虑了，因为您回家未必会考虑，而且未必能考虑清楚。坦白地说，您在我们这个行业中就是一个外行，所谓同行看门道，外行看热闹，所以有些问题您考虑不清楚。您不用紧张，我并不是说您今天一定要

第 11 章　扫清一切成交障碍

和我合作，一定要交钱。我的意思是，您好不容易来一趟，我们把所有的问题弄清楚。我从专业的角度帮您做全面分析，哪怕您不选择我，将来在选择其他人时，也可以做到心中有数。所以，张总，您把问题说清楚，可以吗？"我不给客户考虑的机会，说白了，让客户回家考虑就像放风筝一样，一旦线断了，风筝可能就再也找不到了。有些客户对你说考虑，只是现在有点想法，但想抓紧时间逃离这里，从你的面前消失，因为他有一定的压力。所以，你要放缓成交节奏，可以拒绝客户回家考虑，不让他离开你的视线，逼迫客户，或者从某种程度上来说，你要先弄清楚客户考虑的原因是什么。

你和客户已经聊了很长时间，比如三五个月，甚至半年。你以为你们已经很熟了，关系处得很好，但是你只要对他说合作，对他说交钱，他就告诉你考虑一下，这种情况是不是特别多？

虽然客户和你聊了很长时间，但是你作为一个一线销售人员，对他来说，并没有那么重要。不过，客户在拒绝你时会有一些愧疚感。你要利用他的愧疚感，让他告诉你为什么会考虑。考虑从某种程度上来说只是他的一个借口。我在遇到这种情况时，会非常严肃地对客户说："张总，我们聊了这么长时间，我其实一直把您当成朋友。我刚开始时想过，您可能最后不会选择我，但我确实没想到，您竟然这么草率。我在这个行业里不是'小白'，遇到过很多客户。您说考虑就是拒绝吧，这没啥不好意思说的。张总，您可以否认一切，但唯一不能否认的，就是对我们的产品感兴趣，我们聊了不是一两天了，我们聊了几个月了。难道您不感兴趣，一直都是逗我玩的吗？不至于吧？那既然您不是逗我玩的，感兴趣还拒绝我，就说明您有难言之隐。张总，我今天不是抱着要钱的目的来的，而是抱着放弃的目的来的，强扭的瓜不甜这个道理我懂。您可以不选择我，但我希望您能把真实的想法告诉我，用三五分钟对我说一说您的顾虑是什么。如果能解决当然更好，解决不了我也不会强求，因为强求意味着欺骗。我们说清楚，也算对得起我们这几个月的交流了，您看行吗？"我说的这段话可以让客户陷入一个没有办法翻转，或者没有办法动弹的境地，为什么？因为我已经把客户所有的借口全部堵死了，所以他一定会对我说真正的原因是什么。

这个话术实际上是我精心设计出来的，有以下两个作用。①让客户放松。我说一直把他当成朋友。②让他做自我承诺。我说他可以否认一切，但唯一不能否认的，就是对我们的产品感兴趣……难道他不感兴趣，一直都是逗我玩的吗？他一定会回答当然不是。他只要回答当然不是逗我玩的，那就说明对我们的产品感兴趣。紧接着，我说感兴趣还拒绝我，说明他有难言之隐。这样一环套一环，让客户说出原因。

解决方案二：强调客户的痛点

强调客户的痛点是什么意思？你要知道，很多客户没有办法快速地做出决定，实际上是因为有些事情没有想好。他并不是完全拒绝，只是还没有做出决定。你是不是在买东西时经常会遇到到底是选 a 产品，还是选 b 产品的情况？你可能没有办法做出决定。这时需要销售人员帮忙，很多客户最后做的决定都是受销售人员影响的。你需要帮他做一个决定。

在通常情况下，客户不知道买你们的产品有什么好处，不买你们的产品有什么坏处。你当然不能用非常强硬的语气对客户说不买你们的产品绝对是他的损失等。你要用非常温和的语言把这个观点传递给客户。你可以对客户说："张总，您现在正在做一个错误的决定，我可以对您说一说我的看法吗？"你一定要把这句话记住，不论接下来说什么，都要先说这句话。大部分客户都会同意你说一说你的看法。这时，你再对客户说："张总，您到现在为止没有做出决定可能是因为对这件事还不清楚。坦白地说，我觉得您可能不一定会选择我。您可能没有意识到自身的问题，您对这个行业不了解，我可以非常负责地告诉您，如果您现在不和我合作，会遇到××问题，产生的损失是巨大的，远比您今天花的钱多。张总，这是我的心里话，我并不是强行要您和我合作，但是希望您把这件事当回事，因为我从专业的角度已经预见了您的问题。"

说这个话术的目的是什么？让客户意识到不选择你们的产品会出现问题。"自古买卖两条心"，你有很多话是没有办法对客户说的，可以用这样的方式，增加你们之间的信任，因为你已经坦诚相待了。

然后，你要强调客户的痛点。客户曾经和其他的公司合作过，被忽悠了，被骗了等。这种情况非常多，人都有惯性思维。比如，我小时候切洋葱时，把洋葱汁弄进眼睛里了，非常痛苦。所以，我现在一见到洋葱就躲得远远的。即使现在我身边的洋葱并没有伤害过我，我也会离它远远的，是因为洋葱曾经伤害过我。这就是惯性思维。客户以前遇到的销售人员对他做过的承诺都没有兑现，因为你也是这个行业的销售人员，所以他今天面对你时会认为，你和之前欺骗他的那个人是一样的。你一定要打破客户的惯性思维，对客户说："张总，我知道您之前有过一些不好的经历。我表示遗憾，当时没有在场，没有办法帮助您，但过去是过去，现在是现在。您不要用看别人的眼光来看待今天的我，这对我来说是不公平的。我们从来都没有一起经历过任何事情，我没有欺骗过您。您记忆中的悲惨经历为什么要强加到我的身上呢？对我公平吗？您可以不选择我，但是我觉得您没有必要觉得我这个人××，因为评价一个人怎么样要通过事情，您觉得是这样吗？"

你一定要经常把这种观念植入客户的大脑中，千万不要认为即使不说客户也懂。客户不会懂的，如果你不去打破他的惯性思维，他是没有办法接受你这个人的，你要让他从他的记忆中把你和别人分开，让他认识到你是你，别人是别人。

如果客户还是非常犹豫，就是因为之前有被忽悠的经历，现在没有办法相信你，你就要揭开他的伤疤，还要在上面撒点盐，必须让他疼。很多销售人员对客户都以礼相待，永远不会得罪他，永远不会攻击他。如果你一直让客户处在一个不痛不痒的阶段或者状态，他就会认为他的想法是对的。所以，我会告诉他："这个市场上鱼龙混杂，好人有，但是坏人也有。您总被忽悠，总被骗，有时候未必都是别人的问题，您可以在自己的身上找原因。对于消费者来说，您思前想后是好事，花钱谨慎一点儿没毛病，但是多疑会伤害别人。说句实在话，您反反复复，理解您的销售人员会认为您谨慎，特别仔细，不理解您的销售人员会认为您在为难他，即使他当时不对您说什么，最后也未必会

> 销售说服力

好好为您提供服务。既然今天聊到这里，就请您相信我，我会向您证明这个市场上还是好人多。"我不会让客户认为他自己的想法是对的，不会让客户继续怀疑这件事情，要让他知道其实他是有问题的，如果他一直这样，那么未来可能会被骗很多次，因为他在得罪人。

解决方案三：激将法

　　激将法就是剑走偏锋。使用激将法多多少少会有一些风险。如果你用不好，那么容易适得其反。你使用激将法要慎重，那么对什么样的客户使用激将法呢？比如，你是汽车销售人员。有一个男客户特别爱炫富，总是透露自己的收入，不断地露出自己戴的首饰，不断地说自己的衣服多少钱，那么你可以断定这个人的虚荣心极强。对于这种虚荣心极强的人，你可以使用激将法，这样说："张总，我知道这件事您可能做不了主，是不是需要回家跟媳妇商量一下？"用"您可能做不了主"这种话刺激客户，这种客户往往因为要面子而购买。类似于这样的场景有很多，你可以根据实际情况应用。

客户说产品太贵了

这种情况是很常见的。当客户说产品太贵了时，你可以使用以下四个解决方案。第一个解决方案是拆解产品，第二个解决方案是制造"恐慌"，第三个解决方案是对比和算账，第四个解决方案是转嫁责任。这是非常实用的四个手段。

解决方案一：拆解产品

很多销售人员认为，当客户觉得产品贵时，可以放大产品价值，让客户觉得物有所值。我认为这是错误的，因为客户都已经觉得贵了，你说得再好听也没有意义。你可以把产品"打碎"。比如，你是销售小罐茶的，不要对客户说小罐茶多么好，而要把小罐茶"打碎"，说它的产地、工序、原材料等，把整体拆分，做具体性描述。

不管什么行业都能拆解产品。比如，你是汽车销售人员，客户说某款车有点贵，那么你可以把它"打碎"，说该款车的安全性很好、性价比很高、动力很棒、油耗很低，可能某一点就会吸引他。

销售说服力

解决方案二："制造"恐慌""

从字面意思上理解，制造"恐慌"就是让客户害怕。客户对价格不满意，说产品太贵了，其实只关注了价格，而没有关注质量。这时，我通常会直截了当地对客户说："张总，如果您只看价格，那么对不起，我无能为力，但如果您考虑质量，我是可以与您继续交流的。"我要先把客户的思路扭转过来，而且要让他明白一分钱一分货，要让他充分感受到买便宜的可能会遇到大问题。

我经常对客户说："张总，价格通常是客户最在意的，很多人都想花小钱办大事，这是事实，但是天底下没有免费的午餐。如果今天这个产品免费给您用，您会用吗？您未必会用。您要记住一句话，这个市场上好人和坏人都有。据我所知，很多公司的产品价格比我们的低很多，但是他们的质量是什么样的我不好说。我有很多客户都是和他们合作以后才过来找我的。他们的公司是什么样的客户对我说得清清楚楚，这些话我不应该对您说，您可能体会过后就明白了。如果您只纠结价格，那么对不起，我无能为力。"

你给他讲道理没有意义，可以直接告诉他，你有很多客户都是和其他公司合作以后才找你的。这可以让客户觉得，价格与产品质量是相关的，他才可能接受你的价格。你要大胆地对客户说便宜没好货，这种案例已经出现了，而且特别多。

下面以卖房为例，假如我是房产销售人员，客户告诉我有一个小区的房子更便宜。我会说："那个小区的房子确实很便宜，这件事我从来没有瞒您，您只看到了价格，而没有看到隐患。我有一个客户去年以较低的价格买了那个小区的房子，因为抢车位和别人打起来了，现在还在医院住院。如果当时他买一个相对来说高档的小区的房子，比如我们这样的小区的房子，大家都非常礼貌，个人素质都非常高，抢车位这种事大概率不会发生。未来的一切结果，都与您今天做的决定有关。"

你可以把这种话术打磨一下，放在你的行业案例中。你会发现每次对客户说了以后，客户的反应都很大。这样的思路没有问题，大胆用就可以了。

解决方案三：对比和算账

你要知道，客户觉得产品贵，可能只是觉得产品的总价贵。

如果你能够把总价用一些方式拆分，客户会不会容易接受呢？下面提供五个方法。第一个叫单位法，第二个叫时间分期法，第三个叫比例法，第四个叫类比法，第五个叫对比法。

1. 单位法

不知道你有没有看过一些主播带货，我关注的一个知名主播在某次直播带货时说："买两盒送一盒，相当于多少折呢？相当于 3.5 折。"他的助理在旁边说每盒××钱，每粒××钱。如果你用最小的单位给客户报价，客户就容易接受这个价格。

2. 时间分期法

时间分期法其实非常简单。如果客户接受不了总价，那么你可以找到这个产品的使用周期，或者这个产品能帮助客户做什么事情，进行一次价格上的拆分。比如，樊登读书某个产品的会员费是 365 元，很多人可能会觉得一次性支出 365 元有点贵，但是如果说每天只需要花 1 元钱，客户就容易接受。

3. 比例法

比例法是什么意思？比如，客户每个月的工资是 3 万元，你就可以对客户说："张总，您每次买我们的产品，只需要花工资的

10%，就可以得到××回报。"你可以这样给他算这笔账。如果你的客单价比较高，客户的年薪是 30 万元，你就可以说："您只需要花年薪的 10%，就可以做这件事，得到一个××结果。"

4. 类比法

类比法很简单，就是产品价格相当于一顿饭的钱、几盒烟的钱或者一瓶酒的钱。类比法可以和其他方法一起使用，比如和时间分期法一起用。我们的产品这么算可能挺贵，但你每天只需要花 2 元，相当于买一瓶矿泉水的钱。

5. 对比法

什么叫对比法？其实说白了就是付出和回报的对比。比如，你是汽车销售人员，客户觉得你卖的车贵。这时，你可以这样对客户说："这个价格相对来说比较贵，但是您知道这款车的安全性有多好吗？与生命相比，多少钱都不贵。"把价格与生命对比，回报远远大于付出。这样，客户就容易接受这件事情。

解决方案四：转嫁责任

当客户说你们的产品太贵了时，很多销售人员会下意识地假装认同客户的观点（如"张总，我们的产品确实有点贵"），然后说："但是我们的产品……"不管在前面你怎么赞同，只要加上"但是"这种转折，后面所说的话都是在和他对抗，都是在向着你的公司，这种说法是完全错误的。

作为一个一线销售人员，你能解决产品贵这个问题吗？不能。这个责任是你的吗？价格是你定的吗？都不是。所以，在客户说产品贵时，你一定不能马上解释。你首先要和客户站在同样的立场上一起对抗别人，这叫建立同盟。如果客户觉得产品贵，而你去解释，帮着公司说话，他就会离你越来越远。

换一种思路，如果客户觉得产品贵，你也觉得产品贵，那么你们是不是站在同一个立场上去对抗别人？比如，客户说："你们的产品真的有点贵啊！"我会在第一时间对客户说："张总，别提了，不只您一个人觉得贵，我也觉得贵，而且很多老客户都觉得贵。我不骗您，因为这件事，昨天晚上我刚和我们公司的领导吵了一架。我说你这么定价，别说新客户拉不来，对老客户都没有办法交代。你要这么定价，我就干不了了，不干了。我很生气，因为影响我的收入了。说实话，我在这个行业里做了这么多年，在公司里举足轻重。我如果走了，能带走很多老客户。公司领导一看我真的生气了，就向我解释，之所以这次定这个价格，是因

第 11 章 扫清一切成交障碍

为我们给客户搭建了一套非常完善的服务售后体系，等于给客户加了几重保障，保障客户的安全。听公司领导说完，我觉得这个价格真的太划算了。张总，您觉得呢？"你有没有发现我把责任转嫁给谁了？我把责任转嫁给公司领导了，把我身上的压力和责任卸掉了，这时与客户站在同一个立场上，我们共同面对的敌人变成了公司领导，公司领导给我的解释，也是我给客户的解释，仅此而已。

我们公司的很多员工和学员，都用这样的方式与客户沟通，真的非常有效。很多时候，责任不一定是你的，可以是客户的，可以是公司领导的，也可以是公司的。你要灵活变通，说得通俗一点儿，你不能一味地和公司站在一起。你是你，公司是公司，你们没有站在一起，谁有理你向着谁。你只有摆脱你的身份，才能与客户越来越近。

客户说他再看看

客户说他再看看。很多销售人员都遇到过这种情况。客户只要说再看看就是有顾虑，至于有什么顾虑你完全不知道。如果你说："行，去看看吧"，那么这单大概率不会成交。你当然不能这

261

么说。你首先要知道客户说再看看的原因是什么，他为什么不在你这里继续看下去。你必须弄清楚原因，否则你们之间会有非常大的隔阂。下面提供三个解决方案。第一个解决方案是连续发问诱出原因，第二个解决方案是先了解客户的需求再推荐，第三个解决方案是突出产品差异化。

连续发问诱出原因

当客户说他再看看时，你不要让他轻易地离开，如果他离开了，你就不知道他去谁那里看了。客户可能在他的行业里很厉害，但是在你的行业里是外行，是很容易被你这个行业里的人影响的。所以，你不要轻易地让他去别处看看。应该如何留住客户并连续发问诱出原因呢？我是这样说的："张总，是这样的，我知道您说去其他的地方看看，肯定是因为您有顾虑，可能有一些问题没有想清楚，我猜不到，但是我在这个行业里做了这么多年，我想知道您对我们的产品有什么想法和建议？有不满意的地方吗？如果有，您能不能对我说一说？我做一下记录，以便以后改进，即使您不选择我们的产品也没有关系。毕竟我以后还要面对其他客户。"

注意：我让客户留在这里是有原因的，即我在这个行业里还要继续干,所以让他说一说对我们的产品有哪些不满意的地方,我记录一下,未来好改进。我用一种好奇的姿态试图让客户说出我们的产品不好的地方。他说出来的不好的地方就是他没有选择我们的产品的原因。然后,我在这个基础上再深入剖析就可以了。

对于有些问题,你直接让他告诉你,他不一定会告诉你。你需要对他进行引导。比如,我想让客户说为什么觉得我们的产品不好,首先要表现得非常真诚,然后说:"张总,您能对我说一说您的想法吗?"客户这时说的可能是表面的原因,紧接着我用特别期待的眼神看着他,说:"张总,您刚才说得特别有道理,还能不能再多说一点儿?麻烦您了。"用请教的语气问,他就会继续说,然后我可以再引导他,"还有吗"或"请继续",逐渐引导他说出真实的想法。

"还有吗"这种提问方式叫横向提问,不断地让话题得以延续,那纵向提问是什么?纵向提问就是问为什么。比如,张总,您为什么要考虑?为什么要去别处看一看?你尽量少用纵向提问,因为纵向提问会让人觉得很生硬。如果要用纵向提问,那么可以给"为什么"加一个前缀。比如,我真的很好奇您为什么这样。

假设我是服装销售人员,看到一个女客户在店里试完衣服后要走。这时,我不能说:"哎,你别走,你为什么试完我家的衣服就走？"我可以这样说："刚才我看见您穿这件衣服显得身材非常好，非常显白，也很有气质。所以，我很好奇，您为什么不买就走了呢？"

先了解客户的需求再推荐

如果客户说他再看看，也可能是因为他只有购买的需求而没有购买的目标。这种情况很多，很多客户实际上都是这样的，知道这个产品，也有购买需求，但是不知道买哪种产品。作为一线销售人员，你应该怎么帮助客户做这个选择呢？实际上，你要问客户一个问题，即最想要的是什么。比如，客户问这个套餐包含了哪些服务，都包含了什么内容。这时，应该怎么回答？你不能像流水账一样说包含了什么内容，而应该这样说："张总，我们的这个套餐包含了很多内容，都是为客户服务的，您最想解决哪个方面的问题？麻烦您对我说一下，我帮您找一个合适的服务，您看行吗？"

你不能把每一个产品都推荐给客户，而要根据他的需求推荐。比如，当客户问你们的产品都有什么功能时，你不要说有很多功能，而要问他买这个产品用来做什么，用在什么地方。你要让客户说出他的需求。你推荐的所有产品都要满足他的需求。反之，如果你不清楚他的需求，推荐的产品很可能他不会满意。了解客户最想要什么，是最重要的。

突出产品差异化

你可以从以下三个方面来突出产品差异化。①你们有但是别人没有的东西。你可以根据自己的产品思考。②你们愿意做但是别人不愿意做的事情。③你们比别人做得更好的事情。

你可以把这三个方面排列组合，用到自己的产品上。比如，我是卖课程的，给公司做内训。①我们有但是别人没有的东西。我们有顶尖的课程研发团队，团队成员来自××，这些都有数据支撑。②我们愿意做但是别人不愿意做的事情。我们愿意在每次课程结束后，帮助学员解决一些问题，愿意给他们提供一些服务。③我们比别人做得更好的事情。我们的学员在学过我们的课程后，第二个月的业绩均有 20%～80%的提升，我们的课程的落地性非常强。这三个方面就是我们的产品的差异化。你一定要根据这三个方面找到自己的产品的差异化，让客户感受到你们的产品与众不同，这是最重要的。

○ 销售说服力

客户说你们的产品质量没问题吧

你们的产品质量没问题吧？客户是不是经常问这个问题？客户这么说，并不是因为你们的产品质量有问题，而是有些担心。你必须弄清楚客户担心的是什么。下面准备了两个解决方案，第一个解决方案是了解客户在担心什么，第二个解决方案是站在客户的立场上考虑问题。

解决方案一：了解客户在担心什么

你不能直接问客户在担心什么。那么应该怎么办？下面介绍一个非常好用的话术。我会对客户说："您既然怀疑我们的产品质量，那么就应该对这个行业有相应的了解，请问您衡量一个产品好坏的标准是什么？"客户说的好的标准就可以是我的卖点。客户说的不好的标准就可以是我们的产品从来都不会出现的问题，前提是不能欺骗客户。这是一个小的排雷动作，让客户说出他的心理预期和他的看法，我好扬长避短。你也可以用下面的话术："张总，您问我们的产品质量有没有问题，就说明您已经对比过同类产品了。您觉得那些产品的哪些功能是您比较满意的，哪些功能是您不满意的呢？"你们的产品如果有客户说的满意的功能，你就可以强调这点。对于他说的不满意的功能，你在未来给客户推荐产品时要规避。

解决方案二：站在客户的立场上考虑问题

怎么站在客户的立场上考虑问题？比如，"张总，您有顾虑，是不是因为之前买过一些质量比较差的产品？"这是我在挖掘客户之前是不是有被骗的经历。如果他说当时买过一个类似的产品，那个产品主要有××问题，我就马上表示理解，说："我在这个行业里做了这么多年，从来都没有听说过一家公司的产品质量能差到这种程度。太不可思议了，您的运气不太好啊，但是您别担心，您和我们合作以后，这种问题是不可能出现的。我都没有听说过的问题怎么可能会出现呢？"客户最担心的问题，在我这里变成了一个我没有听说过的问题，说明他之前上当了。然后，我紧接着说："我们从来没有出现过这种情况，您可以担心任何事，但唯一不需要担心我们的产品质量有问题。"

其实，成交的过程，就是一个心理博弈的过程。很多人都说沟通很重要，是这样吗？我一直说销售的表象是沟通，销售的本质是对人性的洞察。我不知道你是不是认可这句话。在我的眼里，

○ 销售说服力

销售实际上在第一次与客户见面时就已经开始了，所做的每一步都非常重要。

客户说别人的产品比你们的产品便宜

几乎每个客户都会说别人的产品比你们的产品便宜。客户通常会货比三家，在各个方面做对比。这个问题的解决方案有两个。第一个解决方案是阐述自己产品的差异点，第二个解决方案是与别人的产品相比有什么优势。

解决方案一：阐述自己产品的差异点

前面已经介绍过突出产品差异化的三个方面。当客户说别人的产品比你们的产品便宜时，应该怎么说？很多销售人员都有一种惯性思维，会说别人的产品不好，贬低别人的产品。你要记住，你贬低别人一句，相当于贬低自己 10 句。客户永远都不会因为你贬低别人的产品，而认为你们的产品更好。你可以这样说："张总，其实从某种角度来说，产品看起来都是一样的，但是说实在话，原材料和服务是有天壤之别的。这就是为什么产品质量相同，他们的价格比我们的便宜那么多。我在这个行业里干了这么多年，质量和价格的关系我真的非常清楚，如果市面上真的有那种质量和我们的产品一样，价格还比我们的产品低很多的产品，我还在这个公司干啥呀！您把那家公司的电话号码给我，我可以跳槽到那里，因为卖得越多赚得就越多呀，我为什么在这里受这个罪啊！"在玩笑中，我告诉客户这个市场上根本就不存在产品质量相同，但是价格低那么多的产品。

你要用这样的方式巧妙地回应，而不能说他们的产品质量肯定有问题。如果这么说，那么对你没有任何好处，反而会带来负面影响。

解决方案二：与别人的产品相比有什么优势

比如，客户说 a 公司的产品比我们的产品便宜。我会这样对客户说："张总，我对 a 公司没有过多的了解，可能还没有您了解得多。既然您觉得他们的产品比较便宜，就肯定对他们的产品质量有一定的判断。您对他们的产品质量哪里满意，哪里不满意？"在他对我说完之后，我会对他说："我不知道您为什么会觉得这个产品好，我们的产品在两年前就已经具备这样的功能了，同时还具备××功能。"

找不到决策人

对于找不到决策人，下面提供两个解决方案，第一个解决方案是直接询问，第二个解决方案是暗中观察，旁敲侧击。

解决方案一：直接询问

举个买车的例子，有个人过来买车，你可以直接问这辆车是他的爱人用还是他自己用，是公用还是私用等。你直接问就可以了，谁用谁做主。

解决方案二：暗中观察，旁敲侧击

对于销售人员来说，尤其是 to B 产品的销售人员，在有些时候没有办法判断面对的人是不是决策人，因为很多人不表明自己的身份。这就需要你自己判断。你可以问他一些问题，比如入职多长时间。如果他说入职的时间不长，那么一般情况下他不会有决策权。你也可以问一问他们能够接受的最高价格是多少，最低价格是多少。如果他吞吞吐吐地说不清楚，就不是决策人。又如，当所有人在一起吃饭时，在通常情况下，和你说话最多的那个人往往不是决策人。如果每个人说完一句话后都会看向一个人，那么被看的次数最多的那个人就是决策人。

客户对比同类产品

当客户拿你们的产品对比同类产品，说出一些对你不利的结论时，你不要做过多的解释。比如，客户说你们的产品有点贵，你不能说："贵是贵，但是……"你要记住，"但是"的背后就是解释，就是对抗。所以，你不要用"但是"，而要多用"同时"。你可以这样说："张总，我们的产品贵是贵，同时我们的产品……有××功能。"用"同时"会缓解你和客户之间的对抗状况，把"但是"变成"同时"，会起到意想不到的效果。

你与客户沟通需要有一些话术。你需要把平时学到的知识融入自己的话术中，不断完善，不断修正自己的话术，这对成长有非常大的帮助。